因果品

소태산 대종경 마음공부

5 인과품

글·균산 최정풍 교무

『대종경大宗經』은 원불교 교조인 소태산少太山 박중빈朴重彬 대종사大宗師의 언행록입니다. 원기47년(서기1962년)에 완정하여『정전正典』과 합본,『원불교교전』으로 편찬 발행되었습니다.『정전』이 소태산 대종사가 직접 저술한 원불교 제1의 경전이라면『대종경』은 그의 사상 전반을 이해할 수 있는 제2의 대표 경전입니다. 소태산 대종사의 열반원기28년, 서기1943년 후『대종경』 편찬에 신속히 착수한 제자들의 노력 덕분에 소태산 대종사의 생생한 말씀과 행적이 온전하게 세상에 전해지게 되었습니다.

소태산의 수제자 정산鼎山 종사는 "정전은 교리의 원강을 밝혀 주신 '원元'의 경전이요, 대종경은 두루 통달케 하여 주신 '통通'의 경전이라"고 설한 바 있습니다. 원리적인 가르침을 압축해놓은『정전』의 이해를 도와주는 필독 경전이라고 할 수 있습니다.

『대종경』은 별다른 해석이나 주석 없이 그냥 쉽게 읽을 수 있는 경전입니다. 하지만 요즘 사람들에게는 낯선 한자 용어에 대한 설명이나 내용 이해를 돕는 부연 설명이 경전 읽기에 도움이 될 수도 있겠다는 생각으로 이 책을 집필하게 되었습니다.

또한 이 책은『대종경』을 처음 공부하는 이들이 좀 더 쉽게 내용을 파악하도록 돕기 위해서 기획되었습니다. 그런 이유에서 첫째로『대종경』 원문의 문장을 새롭게 구분해서 실었습니다. 기본적인 편집 방식에서 벗어나 문단을 왼쪽 정렬로 편집하고 필자 임의로 문단 나누기, 문장 나누기, 띄어쓰기를 했습니다. 둘째, 어려운 용어들은 사전적 풀이를 요약해서 원문 밑에 실었습니다. 셋째, 원문에 대한 필자의 부연 설명을 시도

했습니다. 이 내용들은 매우 주관적인 해석이라는 한계를 갖고 있습니다. 다른 교재들을 충분히 참고할 것을 권합니다. 넷째, 경전 내용의 실생활 활용에 방점을 둔 질문들을 해보았습니다. 경전의 내용 파악을 돕기 위한 질문들도 있지만 자신의 삶을 성찰해야만 응답할 수 있는 질문들도 포함되었습니다. 이에 대한 대답은 독자마다 다를 것이고 독자들의 공부 정도에 따라서도 달라질 것입니다. 특정한 정답이 아니라 최선의 답이 필요할 뿐입니다. 이런 질문에 응답하는 과정에서 공부가 깊어지기를 바랐습니다. 더 많은 자문자답으로 이어지기를 기대합니다.

  이 책은 주로 교화자로서 살아온 필자가 교화자의 관점에서 쓴 교화교재입니다. 여기 담긴 필자의 견해는 교단의 공식적 견해와는 무관합니다. 현명한 독자들께서 이런 점들을 감안하여 공부의 한 방편으로 활용해주시기를 바라며 부족하거나 틀린 내용에 대한 여러분들의 가르침을 기다리겠습니다. 아무쪼록 이 작은 책이 주세불 소태산 대종사의 심통제자가 되는 데 겨자씨 만 한 도움이라도 되기를 간절히 소망합니다. 감사합니다.

소태산 마음학교 원남교실 경원재에서
원기108년(서기2023) 8월 1일 균산 최정풍 교무 합장

참고

『대종경』 공부를 하기 전에 「'원불교 교사敎史」 일독을 권합니다. 『대종경』이 언행록言行錄이지만 그 상황에 대한 자세한 설명은 생략된 경우가 많습니다. 교사를 읽으면 법문의 전후 상황을 파악하는 데 큰 도움이 됩니다.

다음은 『대종경大宗經』 공부에 도움이 될만한 대표적인 해설서 및 참고 도서입니다.
『원불교대종경해의』 (한정석, 동아시아, 2001),
『대종경풀이』 (류성태, 원불교출판사, 2005),
『주석 대종경선외록』 (편저 이공전, 주석 서문성, 원불교출판사, 2017),
『초고로 읽는 대종경』 (고시용, 원불교출판사, 2022),
『원불교교고총간』 (원불교출판사, 1994)
『대종경 강좌 上·下』 (조정중, 배문사, 2017) 등이 있습니다.

법문과 원불교 용어 설명 대부분은
'원불교' 홈페이지 http://won.or.kr/ '경전법문집', '원불교대사전' 내용을 인용했습니다. 그 밖에는 '네이버 사전' http://naver.com 에서 인용했습니다.

'나의 마음공부'란에는 몇 가지 질문을 실었지만 답을 싣지는 않았습니다.
'자문자답'이 더 중요하다고 생각했습니다.
답을 찾는 과정이 '교당내왕시 주의사항'을 실천하는 계기가 되기를 기대합니다.
먼저 자력으로 답을 해보고, '교화단'에서 회화도 하고, 교화단장이나 교무 등 지도인과
문답問答·감정鑑定·해오解悟를 하는 소재가 되기를 기대합니다.

본문의 문체는 최대한 구어체를 사용했습니다. 독자와의 거리감을 줄이려는 노력이지만
전통적인 문법에는 맞지 않을 수 있음을 양해해 주시기 바랍니다.

이 책을 '경전' 훈련을 위한 '자습서' 삼아서 밑줄도 치고 필기도 하면서 편리하게
활용해주시면 감사하겠습니다.

▶ YouTube '소태산 마음학교'에서 관련 대종경 동영상 시청이 가능합니다.

• 이 책은 중타원 안순도 교무님의 후원으로 출판되었습니다. 감사합니다.

인과품
因果品

목차

인과품 1장	: 우주의 진리	10
인과품 2장	: 인과보응의 원리	16
인과품 3장	: 그 업인이 허공 법계에 심어져서	22
인과품 4장	: 진리가 주는 상벌	28
인과품 5장	: 천지는 기운이 서로 통하고 있는지라	32
인과품 6장	: 변화를 겪을 때에	38
인과품 7장	: 남이 지은 죄복을 제가 대신 받아 올 수도 없고	42
인과품 8장	: 죄로 복이 상쇄되지는 아니하나니라.	48
인과품 9장	: 정업이라도 가히 면할 수 있겠나이까.	54
인과품 10장	: 네가 갚을 차례에 참아 버리라	62
인과품 11장	: 다시 인연을 맺지 아니하려면	68
인과품 12장	: 그 비명소리 처량한지라	74
인과품 13장	: 과보 받는 종류가 실로 한이 없으나	78
인과품 14장	: 벼락을 맞아 죽는 것은	84
인과품 15장	: 우연한 음조	88
인과품 16장	: 가장 급한 일	96
인과품 17장	: 농부가 봄에 씨뿌리지 아니하면	100
인과품 18장	: 내생에 아무리 잘 되기를 원하여도	104
인과품 19장	: 복이 클수록 지닐 사람이 지녀야	108
인과품 20장	: 헛된 명예	112

인과품 21장 : 복을 짓는 사람은 드물고　　　　　　　　　　118
인과품 22장 : 스스로 제재하지 못하면　　　　　　　　　　122
인과품 23장 : 작은 권리를 남용하는 자들이여　　　　　　126
인과품 24장 : 그 마음 쓰는 것을 보면　　　　　　　　　　130
인과품 25장 : 여러 사람의 입은 참으로 무서운 것　　　　138
인과품 26장 : 특히 무서운 죄업 다섯 가지　　　　　　　　144
인과품 27장 : 세상에 무서운 죄업 세 가지　　　　　　　　150
인과품 28장 : 대중에게 큰 빚을 지는 사람　　　　　　　　154
인과품 29장 : 복 짓고 복 받는 내역　　　　　　　　　　　160
인과품 30장 : 그대가 지은 일은 반드시 그대가 받는 것이라　166
인과품 31장 : 삼세 인과가 어찌 그리 빠르리요　　　　　　172
인과품 32장 : 도산지옥　　　　　　　　　　　　　　　　　178
인과품 33장 : 세상이 밝아질수록　　　　　　　　　　　　182

대종사 말씀하시기를
[우주의 진리는 원래 생멸이 없이 길이길이 돌고 도는지라,
가는 것이 곧 오는 것이 되고
오는 것이 곧 가는 것이 되며,
주는 사람이 곧 받는 사람이 되고
받는 사람이 곧 주는 사람이 되나니,
이것이 만고에 변함 없는 상도常道니라.]

『대종경』「인과품」1장

• **상도 常道** : 항상 변하지 않는 떳떳한 도리. 항상 지켜야 할 도리.

우주의 진리 | 풀이 |

대종사 말씀하시기를
[우주의 진리는 원래 생멸이 없이 길이길이 돌고 도는지라,
가는 것이 곧 오는 것이 되고
오는 것이 곧 가는 것이 되며,
주는 사람이 곧 받는 사람이 되고
받는 사람이 곧 주는 사람이 되나니,
이것이 만고에 변함없는 상도常道니라.]

"원기圓紀 원년 사월 이십팔일(음 3월 26일)에
대종사大宗師 대각大覺을 이루시고 말씀하시기를
[만유가 한 체성이며 만법이 한 근원이로다.
이 가운데 생멸 없는 도道와 인과보응되는 이치가 서로 바탕하여
한 두렷한 기틀을 지었도다.]"라는 『대종경』「서품」1장의 법문은
『대종경』「인과품」1장의 내용과 대동소이합니다.

소태산 대종사님의 큰 깨달음의 핵심 내용이 바로
'생멸 없는 도와 인과 보응되는 이치'인데 이것을 설명한 것이 바로
「인과품」1장이라고 할 수 있습니다.
'가는 것이 곧 오는 것이 되고 오는 것이 곧 가는 것이 되며,
주는 사람이 곧 받는 사람이 되고 받는 사람이 곧 주는 사람이 되나니'라는 대목이 바로
인과보응의 이치를 설명한 것입니다.

우주의 진리란 큰 관점에서 보자면 '길이길이 돌고 도는' 것입니다.
생함과 멸함이 따로 있지 아니합니다.

인간의 관점에서 보니까 생함도 있고 멸함도 있는 것 같지만
그 본체 자리는 여여如如하다고 말씀하십니다.

주객이 없는 대大 자리에서 보자면 그렇지만
주객이 있는 소小 자리에서 보자면 가고 오는 것이 있고,
주는 사람과 받는 사람도 있는 것입니다.

이렇듯 진리는 '유상有常'과 '무상無常', '불변不變'과 '변變'으로 설명됩니다.
이율배반적으로 보일 수도 있으나 속성이 그렇기 때문입니다.
교리 설명 대부분이 이런 논리 구조로 되어있는 까닭입니다.

「인과품」 전체 내용은 바로 이 1장 내용을 풀이한 것에 지나지 않습니다.
오래오래 연마하고 궁구해야 할 법문입니다.

인과의 이치, 인과보응의 이치는 소태산 대종사님 사상 전반을 일관합니다.
신앙도 이 이치를 벗어나지 않고 수행도 마찬가지입니다.
선을 행하면 선한 보응을 받게 되고
악을 행하면 악한 과보를 받게 된다는 것을 믿는 것이 신앙의 전제입니다.
이런 인과의 이치에 대한 신앙이 없다면
애써서 악행을 인내하고 힘들게 선행을 할 이유도 없는 셈입니다.

수행도 마찬가지입니다.
마음을 잘 쓰면 거기에 따른 자신의 인격 변화와 결과가 따르게 되고
마음을 잘 못 쓰면 거기에 따라 또 다른 변화와 결과를 얻게 된다는 전제가
수행의 전제가 되고 있습니다.
좌선을 하고, 유념 공부를 하고, 경전 공부를 하는 등의 수행을 하는 이유는
이런 수행이 더 나은 변화와 결과를 가져온다는 가정과 믿음이 있기 때문입니다.
불교와 원불교가 매우 치밀한 수행법을 갖추고 있는 이유는

수행이라는 원인 행위와 수행이 가져올 결과에 대한 인과관계를 치밀하게 연구하고
검증한 결과라고 할 수 있습니다.

신앙으로 가는 '인생길'도 수행으로 가는 '공부길'도 결국은 '인과의 길'과 같습니다.
우주 만물 허공 법계, 우리 모두의 마음까지 빈틈없이 꽉 차 있는 원리가 바로
인과의 이치입니다.

소태산 대종사님은 이 인과의 이치를 깨달아 신앙과 수행의 핵심 원리로 삼으셨으니
신앙의 강령도 수행의 강령도 모두 여기서 비롯됩니다.
우리는 인과의 이치를 신앙하는 것이고,
우리는 인과의 이치에 따라 수행하는 것입니다.

자연과학자들은 자연에 숨어 있는 인과의 이치를 밝혀내기 위해 땀흘리고
사회과학자들은 사회에 숨어 있는 인과의 이치를 밝혀내기 위해 노력합니다.
인문학자들도 사람에게 숨어 있는 인과의 이치를 밝혀내기 위해 힘쓰고 있죠.
'신앙'이나 '수행'이란 말을 쓰지 않더라도
인간의 삶은 이미 '인과의 이치'에 속해있습니다.

나의 마음공부

• 무엇이 '생멸이 없이' 즉, '불생불멸'할까요?

• 무엇이 '길이 돌고 도는' 것일까요?

- 나는 '가는 것이 곧 오는 것'이 된다고 믿거나 확실히 알고 있나요?

- 나는 '주는 사람이 곧 받는 사람'이 된다고 믿거나 확실히 알고 있나요?

대종사 말씀하시기를

[천지에 사시 순환하는 이치를 따라 만물에 생·로·병·사의 변화가 있고
우주에 음양상승陰陽相勝하는 도를 따라 인간에 선악 인과의 보응이 있게 되나니,
겨울은 음陰이 성할 때이나 음 가운데 양陽이 포함되어 있으므로
양이 차차 힘을 얻어 마침내 봄이 되고 여름이 되며,
여름은 양이 성할 때이나 양 가운데 음이 포함되어 있으므로
음이 차차 힘을 얻어 마침내 가을이 되고 겨울이 되는 것과 같이,
인간의 일도 또한 강과 약이 서로 관계하고
선과 악의 짓는 바에 따라 진급강급과 상생상극의 과보가 있게 되나니,
이것이 곧 인과보응의 원리니라.]

『대종경』「인과품」2장

• 음양상승 陰陽相勝 : 음과 양의 두 기운이 서로 밀고 밀어 순환불궁循環不窮함을 뜻한다. 음양은 우주의 근원에서 나온 두 대립적 기운을 말하는데 이 두 가지의 조화造化로 만물의 생성변화가 이루어진다고 보는 것이 고대 중국에서부터 형성된 관점이었다. 장자『남화경南華經』·『춘추좌씨전春秋左氏傳』에 이미 음양의 설이 중요하게 언급되어 있으며 노자『도덕경(道德經)』과『주역』「계사전繫辭傳」에 이르면 음양의 두 기운이 우주의 근원인 태극太極이나 도道와 불가분의 관련을 가지고 있는 것으로 제시되어 있다.

『주역』「계사전」에는 "한번 음이 되고 한번 양이 되는 것을 도라 한다(一陰一陽之謂道)", 또한 "태극에서 양의(兩儀:陰陽)가 생한다(太極生兩儀)"라고 말하고 있다. 나아가 음양 대신에 강유라는 표현을 사용하여 두 가지 기운의 상호 작용을 강유상추剛柔相推라고 표현하기도 한다. 음陰이란 대체로 소극적이고 물러나는 기운, 양陽이란 적극적이고 활동적인 기운을 대표하지만 서로 다른 두 기운이 아니고 한 기운의 두 가지 측면으로 풀이되는 경우도 있다. 명확하게 음양상승이라는 표현이 나타난 문헌은 도교경전인『황제음부경黃帝陰符經』이다. 이 책은 당대唐代 무렵 주석본이 나타나 세상에 알려지기 시작했다.

『음부경』의 사상에는『주역』사상과 노자사상의 두 가지가 함축되어 있으며 한대漢代 이후 정립된 기론적 세계관을 수용하여 음양오행의 도를 주체적으로 파악하여 활용하는 길을 밝히는 데에 역점이 있다.『음부경』에서는 '천지의 도가 스며들기 때문에 음양이 서로를 이긴다. 음양이 서로를 밀치어 변화가 순조롭다 (天地之道浸故陰陽勝 陰陽相推而變化順矣)'라고 말한다. 하늘과 땅의 도가 스며든다는 것은 하늘과 땅이 서로 교감한다는 뜻이며 이에 따라 음양이 서로를 이긴다는 것은 음이 양으로 변하고 양이 음으로 변한다는 뜻이다. 이 변화는 갑자기 이루어지는 것이 아니라 서서히 알지 못하는 가운데 교감하며 변화의 전기가 이루어진다는 의미에서 스며든다고 표현한 것이다. 이를 다시 음양이 서로를 밀치어 변화가 순조롭다고 말한 것이다.

소태산 대종사가 이러한 전통적인 음양설을 어느 정도로 수용한 것인지는 분명치 않다.『음부경』의 음양사상을 수용했다는 것은 원기에 의한 우주생성을 제시하는 기론적 세계관을 받아들였음을 의미한다. 그러나 구체적이고 지엽적인 것에 대하여 언급이 없는 것으로 보아 대체적인 원리만을 받아들인 것으로 보인다.

인과보응의 원리 | 풀이 |

대종사 말씀하시기를
[천지에 사시 순환하는 이치를 따라 만물에 생·로·병·사의 변화가 있고
우주에 음양상승陰陽相勝하는 도를 따라
인간에 선악 인과의 보응이 있게 되나니,

소태산 대종사님은 『정전』 「일원상 법어」에서 이 내용을
'생·로·병·사의 이치가 춘·하·추·동과 같이 되는 줄을 알며,
인과보응의 이치가 음양상승陰陽相勝과 같이 되는 줄을 알며'라고 설했습니다.
대종사님은 만물과 인간의 생로병사의 변화는
천지의 사시 순환하는 이치에 따른 것이고,
인간에 선인선과 악인악과의 보응이 있는 것은
우주의 음양상승하는 도에 따른 것이라고 설하십니다.
인간사와 우주 만물의 변화의 이치가 하나의 이치라고 보신 것입니다.
요컨대, 인과보응의 원리는
인간에 자의적 선택이나 의지에 의해서 바뀌는 원리가 아닌 것입니다.
자연 변화의 원리인 음양의 이치를 인간에 적용하면 인과의 이치가 되는 셈입니다.

대종사님은 노장사상과 유가사상의 주요 개념인 '음양'의 원리를
불교의 핵심 교리인 '인과론'과 결합시켰습니다.
윤리적 가르침으로만 받아들이기 쉬운 인과론을 우주자연의 이법인 음양론과 결합해
인과론의 규범적 이해에 자연과학적 이해를 더하고자 하신 것 같습니다.

겨울은 음陰이 성할 때이나 음 가운데 양陽이 포함되어 있으므로
양이 차차 힘을 얻어 마침내 봄이 되고 여름이 되며,

여름은 양이 성할 때이나 양 가운데 음이 포함되어 있으므로
음이 차차 힘을 얻어 마침내 가을이 되고 겨울이 되는 것과 같이,
인간의 일도 또한 강과 약이 서로 관계하고
선과 악의 짓는 바에 따라 진급강급과 상생상극의 과보가 있게 되나니,
이것이 곧 인과보응의 원리니라.]

음陰과 양陽,
가을·겨울과 봄·여름,
강强과 약弱,
선善과 악惡,
진급進級과 강급降級,
상생相生과 상극相剋 등으로
상대적인 것들이 서로 영향을 주고받아 변화하는 것을 통틀어서
원인과 결과, 인과보응의 원리로 설명하십니다.

자연의 변화는 음양 원리로 분석하시고
인간의 변화는 인과의 이치로 분석하십니다.
이 같은 설명은 불교적 관점에서는 당연한 것이지만
유일신 신앙에선 다르게 볼 수 있습니다.
인과론을 믿는 입장에선 선인선과善因善果 악인악과惡因惡果는
자연의 이법과 같이 당연하고 불편부당한 인과의 이치에 의한 것입니다.
어떤 특별한 절대자가 개입할 여지가 없습니다.
그러나 유일신을 신앙하는 경우는 인과의 이치에 따른 인간의 노력보다는
절대적 유일신의 의지가 우선합니다.
인과의 이치를 깨달아 믿어 거기에 맞게 살아가는 것이 불교적 신앙과 수행이라면
유일신 신앙에선 그것만으로는 인간의 구원에 부족함이 있다고 봅니다.
수행보다는 신에 대한 무한한 믿음을 더 강조합니다.
대종사님 표현에 의하면 '자력신自力信'과 '타력신他力信'의 차이라고 할 수 있습니다.

따라서 인과보응의 원리를 믿고 수행하는 공부인이라면
언제 어디서나 우주 만유 그리고 인간 만사를 보면서
그 변화의 원인과 결과를 깊이 관조하고 궁구해야겠습니다.
이 변화의 이치를 제대로 알아야 내 삶을 바람직하게 영위할 수 있기 때문입니다.
이 이치를 제대로 깨달아야
어떻게 살아야 복을 받을 수 있는지, 죄악에서 벗어날 수 있는지를 알 수 있습니다.
내가 원하는 삶을 살 수 있으려면 인과의 이치부터 깨달아야 합니다.
우주의 제1원리인 인과보응의 이치를 체받아서
언제 어디서나 인과의 이치에 맞게 심신을 작용하면서 살아가야겠습니다.

정산 종사님도 이 법문과 같은 말씀을 하셨습니다.
'음양상승의 도가 곧 인과의 원리인 바, 그 도를 순행하면 상생의 인과가 되고 역행하면 상극의 인과가 되나니, 성인들은 이 인과의 원리를 알아서 상생의 도로써 살아 가시나 중생들은 이 원리를 알지 못하고 욕심과 명예와 권리에 끌려서 상극의 도로써 죄업을 짓게 되므로 그 죄고가 끊일 사이 없나니라.' - 『정산종사법어』「원리편」 40장

- **인과보응 因果報應** : 행위의 선악이 업인業因이 되어 거기에 상응하는 과보가 있게 된다는 불교사상의 용어. 흔히 죄 값을 치른다는 개념을 나타낼 때 자주 쓰이는 말. 일반적으로 인과응보라고 한다. 불교에서 말하는 인과응보는 이 용어의 일상적인 용법에 비해 상당히 심오한 의미를 지니고 있다. 불교철학의 핵심 사상 중 하나인 윤회의 작동원리이자 그것의 원동력이 되는 '업(업보)'과 연관되어 있기 때문이다.
악한 행위는 업보가 되어 윤회의 고리에서 인간을 벗어나지 못하게 하고 인간은 전생에서 지은 죄에 따라 내생의 외모나 고난 등이 결정되는데 이것이 곧 인과응보의 논리이다. 반면에 현생에서 참회하고 덕을 쌓아 업을 없앤다면 그 또한 인과응보에 따라 해탈에 이를 수도 있는 것이다. 따라서 인간은 자신을 절제함과 동시에 늘 선한 일을 하여야 하며 또한 자기 수행을 게을리하지 말아야 한다. 곧 인과응보는 불교윤리의 기본이 되는 사상이라고 볼 수 있다.

나의 마음공부

• 춘하추동의 변화와 생로병사의 변화가 같게 느껴지나요?

• '인과보응의 원리'는 부처님들이 만든 선의의 거짓말이 아닐까요?

• 나는 현재 내가 어떤 과보를 받고 있는지 잘 알아차리고 있나요?

- 나는 내가 받는 과보의 원인을 잘 알고 있나요?

- 나는 현재 강약, 선악, 진급·강급, 상생·상극 중에서 어떤 업을 짓고 있나요?

- 나는 장차 어떤 과보를 받을 것 같나요?

대종사 말씀하시기를

[식물들은 뿌리를 땅에 박고 살므로

그 씨나 뿌리가 땅속에 심어지면

시절의 인연을 따라 싹이 트고 자라나며,

동물들은 하늘에 뿌리를 박고 살므로

마음 한 번 가지고 몸 한 번 행동하고 말 한 번 한 것이라도

그 업인業因이 허공 법계에 심어져서,

제각기 선악의 연緣을 따라 지은 대로 과보가 나타나나니,

어찌 사람을 속이고 하늘을 속이리요.]

『대종경』「인과품」3장

- 업인業因 : 업의 원인이라는 뜻. 선악의 과보를 가져오는 원인. 인업因業이라고도 한다. 선업은 선과의 원인이 되고, 악업은 악과의 원인이 된다.
- 업業 : 불교에서 말하는 심신의 활동과 일상생활의 일. 불교의 근본교리 가운데 하나. 몸(身)·입(口)·뜻(意)으로 짓는 말과 동작과 생각, 그리고 그 인과를 의미함. 업은 짓는다는 뜻이다. 불교에서 중생이 몸과 입과 뜻으로 짓는 선악의 소행을 말하며, 또는 전생의 소행으로 말미암아 현세에 받는 응보應報를 가리킨다. 싼스끄리뜨 까르마(karman)의 의역으로, 음역하여 갈마羯磨라고도 한다. 정신으로 생각하는 작용인 의념(意念)이 뜻을 결정하고 선악을 짓게 하여 업이 생긴다.
- 허공법계虛空法界 : 보이지 않는 진리를 텅 빈 허공에 비유한 말. 진리는 허공과 같아서 텅 비어 있으되 모든 법과 조화를 다 포함하고 있다. 소태산대종사는 "천지만물 허공법계가 다 부처 아님이 없다"(『대종경』「교의품」4장)고 했는데, 이때의 허공법계는 보이지 않는 진리계를 말한다.
- 연緣 : 원인을 도와 결과를 낳게 하는 작용. 벼에 대하여 씨는 '인'이고 물·흙·온도 따위는 '연'이 된다.
- 인연과因緣果 : 인因이 있어서 연緣을 만나면 반드시 과果가 있다는 말. 인 없이 연만으로는 과가 있을 수 없고, 인이 있어도 연을 만나지 못하면 과가 있을 수 없다. 또한 어떠한 과果도 인과 연이 없으면 성립할 수 없다. 과가 있다는 것은 곧 인과 연이 만난 것이다. 인과因果라는 단어는 곧 연이란 단어가 생략된 것이다. 인과 연과 과는 서로 분리할 수 없는 상관관계가 있는 것이다.

그 업인業因이 허공 법계에 심어져서 | 풀이 |

대종사 말씀하시기를
[식물들은 뿌리를 땅에 박고 살므로
그 씨나 뿌리가 땅속에 심어지면
시절의 인연을 따라 싹이 트고 자라나며,

씨앗이 '인因'이라면
땅, 시절의 인연은 '연緣'이고
싹이나 열매는 '과果'라고 할 수 있습니다.
인과의 이치 그대로를 쉽게 알 수 있는 비근한 보기입니다.
이 작지만 보편적인 현상에 우주의 근본 원리가 숨 쉬고 있습니다.
종교가 있고 우주가 있는 것이 아닙니다.
종교가 있고 진리가 있는 것이 아닙니다.
우주와 진리가 있고 난 다음에 종교가 생긴 것입니다.
우주 만유와 자연 현상 속에는 이미 인과의 이치가 충만해 있습니다.

동물들은 하늘에 뿌리를 박고 살므로
마음 한 번 가지고 몸 한 번 행동하고 말 한 번 한 것이라도
그 업인業因이 허공 법계에 심어져서,
제각기 선악의 연緣을 따라 지은 대로 과보가 나타나나니,

식물의 예를 든 것은 동물의 예를 설명하기 위함이고
동물의 예를 든 것은 사람의 예를 설명하기 위함일 것입니다.

동물, 사람은 '하늘에 뿌리를 박고 산'다고 말씀하십니다.

매우 진솔한 표현입니다.
여기서 '하늘'이란 '허공 법계'를 의미합니다.
'마음 한 번 가짐', '몸 한 번 행동', '말 한 번 한 것'이 '업인' 즉, '씨앗'이라면
'허공 법계'는 '땅'이 되고 '선악'이라는 경계는 '연'이 되는 셈입니다.
요컨대, '업인'은 물리적 씨앗처럼 눈에 보이지 않고 사라지는 것 같지만
절대로 그냥 사라지지 않습니다.
'허공 법계'라고 표현되었지만 다른 말로는 '우주의 진리'에 함축되었다가
어떤 상황이나 조건 즉, '연緣'을 만나면 '지은 대로 과보가 나타나'는 것입니다.

원불교에서 왜 '육근동작'과 '심신작용'을 중시하는지를
알 수 있는 대목입니다.
육근, 심신을 사용하는 것 자체가 바로 업인이 되기 때문입니다.
몸은 마음을 쓰는 대로 따라오는 것이니
'마음공부', '마음 사용하는 법'이 중요한 까닭입니다.
마음이라는 씨앗이 내 운명이라는 결과를 낳는 가장 근본적인 원인입니다.
마음씨가 가장 소중한 씨앗입니다.

어찌 사람을 속이고 하늘을 속이리요.]

사람도 우주와 진리의 한 부분입니다.
하늘도 마찬가지입니다.
모두 따로 있지 않고 '하나'입니다.
그래서 사람을 속일 수 없고 하늘도 속일 수 없습니다.
겉으로 속였다고 하더라도 속까지 속일 수는 없습니다.
속인 것을 감췄다고 하더라도 사람의 마음은 그 모든 과정을 알고 있고
하늘, 진리도 그 모든 것을 알고 있습니다.
마음과 말과 몸으로 짓는 모든 업인業因은 진리에 다 담기고 기록됩니다.
때가 되면 호리도 틀림없이 지은 대로 다 나타나고 되돌려 받게 됩니다.

인과의 이치는 무섭도록 정확합니다.
선업을 지은 사람에게는 너무나 공정해서 고마운 진리이고
악업을 지은 사람에게는 너무나 정확해서 두려운 진리입니다.

나의 마음공부

• 내가 짓고 있는 '업인業因', 인과의 씨앗이 무엇인지 알고 있나요?

• 나의 요즘 '시절의 인연'은 어떤 인연인가요?

• 내가 과거에 가장 많이 뿌려놓은 업인은 무엇인가요?

- 나도 모르게 뿌린 업인은 무엇일까요?

- '마음 한 번 가지고 몸 한 번 행동하고 말 한 번 한 것이라도 그 업인業因이 허공 법계에 심어져서, 제각기 선악의 연緣을 따라 지은 대로 과보가 나타나'는 것을 확고히 믿거나 깨달았나요?

대종사 말씀하시기를
[사람이 주는 상벌은 유심으로 주는지라
아무리 밝다 하여도 틀림이 있으나,
천지에서 주는 상벌은 무심으로 주는지라
진리를 따라 호리도 틀림이 없어서 선악간 지은 대로 역연히 보응을 하되
그 진리가 능소능대能小能大하고 시방에 두루 있나니,
어찌 그를 속일 수 있으며 그 보응을 두려워하지 아니하리요.
그러므로, 지각 있는 사람은 사람이 주는 상벌보다
진리가 주는 상벌을 더 크고 중하게 여기나니라.]

『대종경』「인과품」 4장

- **역연 歷然하다** : 분명히 알 수 있도록 또렷하다. 기억이 분명하다.
- **보응 報應** : 인과에 따라 선악이 대갚음을 받음. (應 응할 응, 報 갚을 보)
- **능소능대 能小能大** : 모든 일에 두루 능함. 마음이 툭 트여서 능히 작기도 하고 능히 크기도 하다는 의미로 대기대용, 활달 자재한 불보살의 능력을 비유하는 말이다.
- **호리 毫釐** : 자나 저울 눈의 호毫와 이釐. 몹시 적은 분량의 비유.
- **시방 十方** : 불교에서 우주에 대한 공간적인 구분. 동·서·남·북의 사방四方과, 동북·동남·서남·서북의 사유四維와, 상·하의 열 가지 방향. 시간 구분인 삼세와 통칭하여 전 우주를 가리킨다.

진리가 주는 상벌 | 풀이 |

대종사 말씀하시기를
[사람이 주는 상벌은 유심으로 주는지라
아무리 밝다 하여도 틀림이 있으나,

무언가를 잘하면 상(賞)을 받고,
무언가를 잘못하면 벌(罰)을 받죠.
마치 선인선과(善因善果) 악인악과(惡因惡果)로 보응하는 인과의 이치와 같습니다.
대종사님께서 인과와 상벌을 대응시켜서 설명하십니다.

그런데 '사람이 주는 상벌'은 '틀림'이 있을 수 있다고 하시고
그 이유는 '유심(有心)' 즉, '사람의 마음' 탓이라고 일러주십니다.
내 마음이 진리 그대로 투명하고 공정하다면,
원만구족(圓滿具足) 지공무사(至公無私)하다면 틀림이 없겠지만,
보통 사람들의 마음은 감정과 호불호(好不好), 원근친소(遠近親疏)에 영향을 받기 때문에
공정한 상벌이 힘듭니다.
인과의 진리도 마찬가지입니다.
진리는 틀림이 없지만 사람들이 그 진리를 응용할 때 '틀림'이 생기곤 합니다.

천지에서 주는 상벌은 무심으로 주는지라
진리를 따라 호리도 틀림이 없어서 선악간 지은 대로 역연히 보응을 하되
그 진리가 능소능대(能小能大)하고 시방에 두루 있나니,
어찌 그를 속일 수 있으며 그 보응을 두려워하지 아니하리요.
그러므로, 지각 있는 사람은 사람이 주는 상벌보다
진리가 주는 상벌을 더 크고 중하게 여기나니라.]

'진리'에는 틀림이 전혀 없습니다.
'인과의 이치'도 틀림이 전혀 없습니다.
'지은 대로 역연히 보응'합니다.
그래서 진리, 인과의 이치에 대한 깨달음이 있는 사람들은
'진리가 주는 상벌'을 더 가치 있게 여깁니다.
소태산 대종사님이 '진리 신앙', '법신불 신앙'을 누누이 강조하시는 이유입니다.

'천지에서 주는 상벌은 무심으로' 준다고 하셨는데
이 '무심無心'은 인간의 '유심有心'이 아니라는 의미의 무심입니다.
속일 수도 없고, 보응을 두려워할 수밖에 없는
'능소능대能小能大하고 시방에 두루 있'는 '진리'입니다.

천지는 말도 없고 감정이나 생각도 없는 듯, 늘 침묵하는 듯하지만
'역연히 보응하는' 불생불멸한 진리로 늘 우리와 함께하고 있습니다.
인과의 이치를 신앙할 수밖에 없는 이유입니다.

인간이 주는 상벌에 연연하지 말고
진리가 주는 상벌에 마음을 써야겠습니다.

나의 마음공부

- 나는 '시방에 두루 있는 진리'를 늘 느끼고 있나요?

- 내가 받은 '진리가 주는 상벌'은 무엇인가요?

- 내가 받은 상벌 가운데 불만스러운 점은 무엇인가요?

- 나는 앞으로 진리로부터 어떤 상벌을 받을 것 같나요?

5

대종사 말씀하시기를
[그 사람이 보지 않고 듣지 않는 곳에서라도 미워하고 욕하지 말라.
천지는 기운이 서로 통하고 있는지라
그 사람 모르게 미워하고 욕 한 번 한 일이라도
기운은 먼저 통하여 상극의 씨가 묻히고,
그 사람 모르게 좋게 여기고 칭찬 한 번 한 일이라도
기운은 먼저 통하여 상생의 씨가 묻히었다가
결국 그 연을 만나면
상생의 씨는 좋은 과果를 맺고
상극의 씨는 나쁜 과를 맺나니라.

지렁이와 지네는 서로 상극의 기운을 가진지라
그 껍질을 불에 태워보면 두 기운이 서로 뻗지르고 있다가
한 기운이 먼저 사라지는 것을 볼 수 있나니,
상극의 기운은 상극의 기운 그대로 상생의 기운은 상생의 기운 그대로
상응되는 이치를 이것으로도 알 수 있나니라.]

『대종경』「인과품」5장

• **상생상극 相生相剋** : 음양오행설陰陽五行說에서의 오행상생五行相生, 오행상극五行相剋(相勝)을 이르는 말. 오행의 순환을 가리킨다. 목木은 화火를 낳고, 화火는 토土를 낳고, 토土는 금金을 낳고, 금金은 수水를 낳고, 수水는 목木을 낳는다는 것이 상생相生이며, 수水는 화火와 상극하고, 화火는 금金과 상극하고, 금金은 목木과 상극하고, 목木은 토土와 상극하고, 토土는 수水와 상극한다는 것이 상극相剋이다.

천지는 기운이 서로 통하고 있는지라 | 풀이 |

대종사 말씀하시기를
[그 사람이 보지 않고 듣지 않는 곳에서라도 미워하고 욕하지 말라.

등 뒤에서, 보이지 않는 곳에서 누군가를 미워하고 욕하는 것은
어리석은 범부들이 자주 범하는 행동입니다.
아주 어리석은 사람들은 그 행위의 결과를 알지 못합니다.
그래서 어리석은 행위를 반복하곤 합니다.
소태산 대종사님께서는 그렇게 하지 말아야 할 이유를 인과의 이치로 알려주십니다.

천지는 기운이 서로 통하고 있는지라

우주 만유가 하나의 기운으로 통하고 있다고 전제하십니다.
'만유가 한 체성이요, 만법이 한 근원이로다' - 『대종경』「서품」1장 라는 말씀이나
'동기연계同氣連契'라는 정산종사님 말씀과 상통하는 말씀입니다.

이 관점에서 보자면, '그 사람'도 '나'인 것입니다.
내가 '나 자신'을 욕하는 것이 되는 셈입니다.
'그 사람'을 욕하는 것은
나도 모르게 내가 나를 해하는 것입니다.

그 사람 모르게 미워하고 욕 한 번 한 일이라도
기운은 먼저 통하여 상극의 씨가 묻히고,
그 사람 모르게 좋게 여기고 칭찬 한 번 한 일이라도
기운은 먼저 통하여 상생의 씨가 묻이었다가

결국 그 연을 만나면
상생의 씨는 좋은 과果를 맺고
상극의 씨는 나쁜 과를 맺나니라.

'하나'의 진리를 깨달아야 이해할 수 있는 법문이기도 하지만
쉽게 생각하자면 우리가 이미 경험상으로 알고 있는 내용이기도 합니다.
예컨대, 어떤 사람 모르게 미워하고 뒤에서 욕을 자주 했다면
그 사람을 만났을 때 나도 모르게 거리감이나 불편함을 느끼게 되고,
반대로 어떤 사람이 없는 자리에서 칭찬을 많이 하고 좋게 이야기했다면
그 사람을 만났을 때 은연중 사이좋은 만남이 이뤄지는 것과 같습니다.
눈에 보이지 않아도 기운은 이미 통하고 있습니다.
진리도 눈에 보이지 않는 것 같지만 우주에 충만해 있는 것과 같습니다.

상생의 씨, 상극의 씨는 어디에 묻힐까요?
대종사님은 앞선 법문에서 '허공 법계'라고 하셨죠.
이 허공 법계는 '진리'라고 해도 되겠고,
여기에는 우리의 '마음'도 당연히 포함되었다고 봐야 합니다.
'보이지 않는 씨앗'이 '보이지 않는 땅'에 그대로 묻혔다가
어떤 '연緣', '경계', '상황'을 만나면 '호리毫釐도 틀림 없이' 발현되는 것입니다.
'과果', '결과'는 '그대로' 맺히는 것일 뿐입니다.

지렁이와 지네는 서로 상극의 기운을 가진지라
그 껍질을 불에 태워보면 두 기운이 서로 뻗지르고 있다가
한 기운이 먼저 사라지는 것을 볼 수 있나니,
상극의 기운은 상극의 기운 그대로 상생의 기운은 상생의 기운 그대로
상응되는 이치를 이것으로도 알 수 있나니라.]

기운이 서로 상응되는 이치를 실례로 알려주기 위해서

대종사님은 지렁이와 지네의 보기를 들어주셨습니다만,
지렁이와 지네의 껍질을 태워본 경험도 없고
'두 기운이 뻗지르고 있다가 한 기운이 먼저 사라지는 것을'
본 적이 없는 필자로서는 이 부분에 대해 설명하기가 어렵습니다.

다만 다른 현상으로 미루어 짐작할 수는 있겠습니다.
예컨대, 자석의 N극과 S극이 서로를 끌어당기다가도
N극과 N극끼리, S극과 S극 끼리는 서로 밀쳐낸다든지,
동식물들 가운데서 어떤 것들은 서로 공생共生의 관계로 잘 사는 반면에
어떤 것들은 기생寄生 관계로 인해 한쪽이 피해를 보는 경우가 있습니다.
물론 먹이사슬로 인해 일방적으로 피해를 보는 관계도 있죠.

참고로, 우주 만물들의 관계들을 음과 양 또는 상생과 상극의 관계로 파악한
대표적인 동양 사상은 제자백가諸子百家 중 음양가陰陽家에서 비롯된
음양오행설陰陽五行說입니다.

사람의 경우에는 상생의 마음에 따라서 상생의 기운이 응하고
상극의 마음에 따라서 상극의 기운이 응한다고 할 수 있습니다.
마음가짐, 마음공부가 중요한 이유입니다.

나의 마음공부

• 어떤 사람을 몰래 미워하거나 비방했을 때 내 마음이 어떻던가요?

• 어떤 사람을 몰래 미워하거나 비방했던 사람을 만났을 때 내 마음이 어떻던가요?

• 상생의 기운, 상극의 기운을 어떤 경우에 어떻게 느껴보았나요?

- '천지는 기운이 서로 통하고 있는' 것을 어떻게 느끼거나 알고 있나요?

- 내가 어떻게 해야 상극의 인연을 맺지 않고 살아갈 수 있을까요?

- 내가 어떻게 해야 모든 인연들과 상생의 인연을 맺으면서 살아갈 수 있을까요?

대종사 말씀하시기를
[천지의 일기도 어느 때에는 명랑하고 어느 때에는 음울한 것과 같이,
사람의 정신 기운도 어느 때에는 상쾌하고 어느 때에는 침울하며,
주위의 경계도 어느 때에는 순하고 어느 때에는 거슬리나니,
이것도 또한 인과의 이치에 따른 자연의 변화라,

이 이치를 아는 사람은
그 변화를 겪을 때에 수양의 마음이 여여하여
천지와 같이 심상하나,
이 이치를 모르는 사람은
그 변화에 마음까지 따라 흔들려서
기쁘고 슬픈 데와 괴롭고 즐거운 데에 매양 중도를 잡지 못하므로
고해가 한이 없나니라.]

『대종경』「인과품」6장

· 일기 日氣 : 날씨
· 심상 尋常하다 : 대수롭지 않고 예사롭다.

변화를 겪을 때에　| 풀이 |

대종사 말씀하시기를
[천지의 일기도 어느 때에는 명랑하고 어느 때에는 음울한 것과 같이,
사람의 정신 기운도 어느 때에는 상쾌하고 어느 때에는 침울하며,
주위의 경계도 어느 때에는 순하고 어느 때에는 거슬리나니,
이것도 또한 인과의 이치에 따른 자연의 변화라,

요컨대, 천지의 날씨도 음과 양으로 변화하듯이
사람이나 경계도 음양으로, 순역으로 변화한다는 말씀입니다.
그리고 이 변화는 인과의 이치에 따른 자연스러운 변화라고 말씀하십니다.

『정전』「일원상 법어」의 '인과보응의 이치가 음양상승과 같이 되는 줄을 알며'라는
내용과 상통하는 법문입니다.
모든 것은 변화합니다. 유와 무로, 음과 양으로, 원인과 결과로 늘 변화합니다.

이 이치를 아는 사람은

'이 이치를 아는 사람'이란
인과보응의 이치, 음양상승의 이치, 유무 변화의 이치를 아는 사람입니다.
범부들도 이 이치를 어느 정도 알고 있지만
이 이치를 투철하게 깨달은 사람들은 불보살입니다.
소태산 대종사님의 깨달음의 핵심이 '인과의 이치'임을 상기해보면
이 이치를 투철하게 깨닫는 것이 중요함을 알 수 있습니다.

그 변화를 겪을 때에 수양의 마음이 여여하여 천지와 같이 심상하나,

우주 만물, 인간 만사의 변화 원리를 알고 있는 사람은
모든 변화를 자연스럽게 받아들일 수 있습니다.
정신수양으로 '자주력'을 온전히 양성하면
어떤 상황에서도 '여여如如'한 마음으로 여유로운 삶을 살 수 있습니다.
더 나아가 오히려 그 변화를 잘 활용할 수도 있습니다.
천지와 하나가 되어 어떤 경계에도 '심상尋常'하게 응할 수 있게 됩니다.

농부가 봄에는 씨뿌리고 가을에는 추수하듯이
공부인은 모든 변화의 흐름에 맞춰 여여하게 살아갈 수 있어야 합니다.

이 이치를 모르는 사람은 그 변화에 마음까지 따라 흔들려서
기쁘고 슬픈 데와 괴롭고 즐거운 데에 매양 중도를 잡지 못하므로 고해가 한이 없나니라.]

한편, 인과의 이치와 음양상승의 이치를 모르는 사람은
변화가 늘 낯설고 두려울 수밖에 없습니다.
자신의 감정 변화에도 어쩔 줄 몰라 합니다.
작은 변화도 큰 경계가 되고 전전긍긍하게 됩니다.
마음이 요란하고 불안하게 되죠.
마음이 불안하니 삶도 '고해가 한이 없'게 됩니다.

어리석은 사람은 바깥 경계의 변화를 탓하지만
슬기로운 사람은 마음을 챙겨 마음의 힘으로 경계를 이겨내고 활용합니다.
어떤 경계, 환경 속에서도 중심을 잡고 중도를 잡아야 합니다.
그래야 삶의 중심을 유지하고 중도를 찾을 수 있습니다.
'고해'가 따로 있지 않습니다.
'변화에 마음 까지 따라 흔들려서' 고해가 생길 뿐입니다.
마음(因)을 잘 다스리면 고해(果)도 다스려집니다.

나의 마음공부

- '천지의 일기 日氣'와 '사람의 정신 기운'의 관계를 생각해봅니다.

- '주위의 경계도 어느 때에는 순하고 어느 때에는 거슬리'는 이유를 찾아봅니다.

- 나는 '인과의 이치에 따른 자연의 변화'를 잘 알고 있나요?

- '인과의 이치에 따른 자연의 변화'에 '마음 까지 따라 흔들리지' 않으려면 어떻게 해야 할까요?

대종사 말씀하시기를
[남에게 은의恩義로 준 것은 은의로 받게 되고,
악의惡意로 빼앗은 것은 악의로 빼앗기되,
상대편의 진강급 여하를 따라서
그 보응이 몇만 배 더할 수도 있고, 몇만 분으로 줄어질 수도 있으나,
아주 없게 되지는 아니하며,
또는 혹 상대자가 직접 보복을 아니 할지라도 자연히 돌아오는 죄복이 있나니,

그러므로 남이 지은 죄복을 제가 대신 받아 올 수도 없고,
제가 지은 죄복을 남이 대신 받아갈 수도 없나니라.]

『대종경』「인과품」7장

- 은의恩義 : 갚아야 할 만한 은혜와 의리.(은혜를 베풀고자 하는 뜻인 恩意로 보아도 될 듯함.-필자)
- 악의惡意 : 나쁜 마음. 좋지 않은 뜻.
- 진강급 : 진급강급進級降級의 줄임말. 등급·계급·학급學級이 오름과 내림. 법위등급이 오름과 내림.

남이 지은 죄복을 제가 대신 받아 올 수도 없고 | 풀이 |

인과론의 핵심 내용을 알 수 있는 법문입니다.

대종사 말씀하시기를
[남에게 은의恩義로 준 것은 은의로 받게 되고,
악의惡意로 빼앗은 것은 악의로 빼앗기되,

'인과因果'에서 가장 기본적인 '인因'(원인)이 바로 '마음'임을 알 수 있습니다.
어떤 행위든지 그 행위의 동인動因은 사람의 '마음'이고
같은 행위라도 그 행위를 하는 사람의 '마음'과 '의도'가 중요한 '인因'이 됩니다.
상대방에게 그 '마음'과 '의도'가 그대로 전해져서
'과果'(결과)가 고스란히 다시 내게 돌아오는 것이 인과의 이치입니다.

상대편의 진강급 여하를 따라서
그 보응이 몇만 배 더할 수도 있고, 몇만 분으로 줄어질 수도 있으나,

예컨대, '갑'의 은혜로운 행위('인因')에 대해 '을', '병'이 보답을 할 때
그들의 마음가짐과 보답할 능력의 크고 작음에 따라
그 '보응'('과果')의 편차가 매우 클 수 있습니다.
'을'이 어떤 은혜를 입었을 시기에는 가난했지만 나중에 부자가 되어
자신이 받은 은혜보다 훨씬 더 크게 보은을 할 수도 있고,
'병'은 부유할 때 은혜를 입었지만 그 은혜를 크게 느끼지 못하고 있다가
나중에야 자신이 받은 은혜보다 더 적게 보답할 수도 있습니다.
보응하는 사람의 마음이나 보은할 능력의 변화(진강급)에 따라
보응의 내용과 크기가 다를 수 있습니다.

인과품

이런 점에서 단순한 물리적 세계에서의 인과보응과
사람 사이의 인과보응은 상당한 차이가 있을 수밖에 없습니다.
물리적 세계에서는 매우 단순한 물리적 인과관계가 작동하지만
인간의 세계에서는 당사자들의 마음, 능력의 차이 등이 변인이 되어
예측하기 어려운 다양한 인과관계를 보여줍니다.
물론, 어느 경우든 그 근본적 원리인 인과의 이치는 동일합니다.

아주 없게 되지는 아니하며,

인과보응의 결과가 매우 큰 편차를 보일 수는 있지만 편차가 클 뿐,
인과보응의 원리는 늘 작동한다고 설하십니다.
만약에 보응이 작아져서 '아주 없어진다'고 생각하면 '인과의 이치에 대한 믿음',
'인과 신앙'은 설 자리를 잃게 됩니다.
세상에 그 어떤 의미 있는 일도 의미를 잃게 되고,
인간의 삶 전반을 가능하게 하는 밑받침을 상실하게 될 것입니다.
선행을 하든지, 악행을 하든지 그 결과를 전혀 예측할 수 없기 때문입니다.
그래서 '아주 없게 되지는 아니한다'는 믿음과 깨달음은 인과론 신앙과 수행의 근거가
됩니다.
「인과품」 29장도 비슷한 내용을 다루고 있습니다. 참고하기를 바랍니다.

또는 혹 상대자가 직접 보복을 아니 할지라도 자연히 돌아오는 죄복이 있나니,

직접적인 인과관계로 좁혀서 보자면
자신이 영향을 미친 상대라고 생각한 상대자가 '직접' 보응을 하지 않는 경우에도
인과의 이치는 작동하고 있다는 것입니다.
'간접적으로', '자연히' 돌아오게 된다는 것입니다.
당사자가 잘 알지 못하게 시간이 오래 걸리거나 그 보응의 경로도 멀리 우회한다면
당사자는 그 보응을 '자연히' 돌아오는 보응으로 느끼게 될 것입니다.

원인 행위를 한 사람이 그에 따른 인과보응의 결과를 느끼지 못하거나
의심하게 될 때야말로 인과의 이치에 대한 믿음이 필요한 때입니다.
불보살들이 어떤 어려움 속에서도 여여하게 사명을 다할 수 있는 이유는
그들이 인과의 이치를 투철하게 깨달았기 때문입니다.
결국 '자연히' 돌아온다는 것은 '인과의 이치 따라' 돌아온다는 말입니다.
'자연'에는 '천리'인 '인과의 이치'가 애초부터 함께하고 있기 때문입니다.
그것이 '진리'입니다.

그러므로 남이 지은 죄복을 제가 대신 받아 올 수도 없고,
제가 지은 죄복을 남이 대신 받아갈 수도 없나니라.]

결국,
"우주의 진리는 원래 생멸이 없이 길이길이 돌고 도는지라,
가는 것이 곧 오는 것이 되고 오는 것이 곧 가는 것이 되며,
주는 사람이 곧 받는 사람이 되고 받는 사람이 곧 주는 사람이 되나니,
이것이 만고에 변함없는 상도常道니라."라는 「인과품」 1장의 말씀에
그 어떤 예외도 있을 수 없다는 가르침입니다.

자작자수自作自受, 내가 지은 대로 받는다는 것입니다.
죄는 죄대로 지은 대로 받는 것이고
복은 복대로 지은 대로 받는 것입니다.
이 단순한 이치를 믿는 것이 신앙이고
이 이치에 따라 살아가는 것이 수행입니다.

나의 마음공부

• 내가 지은 대로 받지 못하는 경우에 그 원인은 무엇일까요?

• 나는 아무런 보상도 없는 선행을 계속해서 할 수 있나요?

• 내게 '자연히 돌아오는 죄복'은 무엇인가요?

• 위대한 성현들은 다른 사람들의 죗값을 대신 치를 수 있나요?

조 전권曺專權이 여쭙기를
[부처님들께서는 다생겁래에 낮은 과보 받으실 일을 짓지 아니하셨을 것이므로
또한 세세생생에 고통받으실 일이 없어야 할 것이온데,
과거 부처님께서도 당대에 여러 가지 고난이 없지 않으시었고
대종사께서도 이 회상을 열으신 후로
관변官邊의 감시와 대중의 인심 조정에 고통이 적지 않으시오니
저희들로는 그 연유를 모르겠나이다.]

대종사 말씀하시기를
[내가 알고는 죄를 짓지 아니하려고 공을 들인지 이미 오래이나,
다생을 통하여 많은 사람들을 교화할 때에
혹 완강한 중생들의 사기 악기가 부지중 억압되었던 연유인가 하노라.] 하시고,
또 말씀하시기를
[정당한 법을 가지고 자비 제도하시는 부처님의 능력으로도
정업定業을 상쇄相殺하지는 못하고,
아무리 미천한 중생이라도 죄로 복이 상쇄되지는 아니하나니라.

그러나, 능력 있는 불보살들은
여러 생에 받을 과보라도 단생에 줄여서 받을 수는 있으나
아주 없애는 수는 없나니라.]

『대종경』「인과품」8장

- **다생겁래 多生劫來** : 아득한 과거로부터 수많은 생을 받아 육도윤회를 계속하여 오고 있다는 뜻. 인간은 과거 생에도 육도윤회를 수없이 했다는 의미이다. 한없는 세월 속에서 윤회를 거듭하고 있는 중생의 모습을 설명할 때 그리고 수많은 생을 통해서 수행을 해온 부처의 삶을 설명할 때 쓰는 용어이다.
- **세세생생 世世生生** : 영원한 세월. 한없는 세월. 영원한 시간을 통해 사람이 태어났다 죽고 다시 태어나기를 수없이 되풀이하는 것. 사람이 영겁을 통해서 끊임없이 생사를 되풀이하게 되는 것.
- **관변 官邊** : 정부나 관청 쪽. 또는 그 계통.
- **완강 頑强하다** : 태도가 모질고 의지가 굳세다. 체격 따위가 씩씩하고 다부지다.
- **정업 定業** : 이미 이전의 행동에 의하여 받아야 할 것으로 정해져 있는 업. 반드시 과보를 불러들이는 업. 전세前世에서부터 정해진 업보. 과보를 받을 시기가 현생·내생 등으로 정해져 있는 선악의 행위.
- **상쇄 相殺하다** : 상반되는 것에 서로 영향을 주어 효과가 없어지게 만들다.

죄로 복이 상쇄되지는 아니하나니라. | 풀이 |

조 전권曺專權이 여쭙기를
[부처님들께서는 다생겁래에 낮은 과보 받으실 일을 짓지 아니하셨을 것이므로
또한 세세생생에 고통받으실 일이 없어야 할 것이온데,
과거 부처님께서도 당대에 여러 가지 고난이 없지 않으시었고
대종사께서도 이 회상을 열으신 후로
관변官邊의 감시와 대중의 인심 조정에 고통이 적지 않으시오니
저희들로는 그 연유를 모르겠나이다.]

제자가 교화사업 등으로 고통받는 대종사님을 보면서 의문이 들었던 모양입니다.
인과의 이치를 이미 통달하셨을 부처님이라면
고통받을 일을 하지 않았을 텐데 왜 고통을 받는지에 대한 궁금함입니다.

대종사 말씀하시기를
[내가 알고는 죄를 짓지 아니하려고 공을 들인지 이미 오래이나,
다생을 통하여 많은 사람들을 교화할 때에
혹 완강한 중생들의 사기 악기가 부지중 억압되었던 연유인가 하노라.] 하시고,

소태산 대종사님은 자신이 고통받는 이유를 당연히 자신의 탓으로 받아들입니다.
그런데 그 원인을 전생, 다생까지 거슬러 올라가 찾습니다.
'교화'라는 선한 목적일지라도 그 과정에서 지은 원인 행위들이 업이 되어
현생에서 일종의 고통과 고난이란 결과로 돌아오게 되었다고 말씀하십니다.
또한 죄를 '알고는' 짓지 아니하려고 했지만 '부지중' 지은 것에서도 원인을 찾습니다.
즉, 모르고 지은 죄까지 반성하며 자신의 행위에서 원인을 찾습니다.
그 누구를 탓하지 않고 오직 자신에게서 원인을 찾으십니다.

인과보응의 신앙에 철저한 대종사님의 마음가짐을 볼 수 있습니다.

또 말씀하시기를
[정당한 법을 가지고 자비 제도하시는 부처님의 능력으로도
정업定業을 상쇄相殺하지는 못하고,
아무리 미천한 중생이라도 죄로 복이 상쇄되지는 아니하나니라.

지은 대로 받는다는 자작자수自作自受의 원칙과
선인선과善因善果 악인악과惡因惡果의 원칙에 예외는 있을 수 없다고 설하십니다.
부처님도 미천한 중생도 마찬가지라고 단언하십니다.

그러나, 능력 있는 불보살들은
여러 생에 받을 과보라도 단생에 줄여서 받을 수는 있으나
아주 없애는 수는 없나니라.]

단, 능력 있는 불보살들은 과보를 '줄여서 받을 수는 있'다고 하십니다.
줄여서 받을 뿐, 받지 않을 수는 없다고 확언하십니다.

이 법문에 대해 개인적 소견임을 전제로 조심스럽게 필자의 견해를 덧붙여봅니다.
제자들에게 소태산 대종사님은 엄청난 능력을 갖춘 위대한 생불님이셨을 것입니다. 그런데 그런 분이 가난과 일제의 압제, 세상의 몰이해 등으로 온갖 고생과 수모를 겪는 것을 보면서 이런저런 의문이 들었을 것입니다. 그래서 이 법문과 같은 문답이 이뤄졌을 것입니다. 그리고 이런 제자의 질문에 대해서 대종사께서는 전생의 업으로 설명을 하셨습니다. 하지만 깊이 생각해보면 이 당시 대종사님이 겪으신 고난과 고통은 소위 '사서 하는 고생'이었습니다. 이미 예견된 고난과 고통이었던 것입니다. 왜냐하면 인과의 이치를 누구보다 투철하게 깨달으신 대종사님 입장에서는 '편하게' 살 수 있는 방법을 누구보다 잘 알았을 것입니다. 자신의 안위와 안일함을 우선했다면 출중한 능력을 갖추셨던 대종사님으로서는 누구보다 부유하고 편안한 삶을 살 수 있었을 것입니다.

하지만 대종사님은 진리를 깨달으셨기에 창생 구원의 책임을 스스로 짊어지셨고 제생의세의 고난을 자처했던 것입니다. 거기서 비롯된 숱한 고통은 당연히 예견된 것이라고 할 수 있습니다. 인과의 이치에 따라 선업善業을 취하는 대신에 고난과 고통을 감수하신 것이라고 보아야 할 것입니다.

불보살들은 일신의 안위나 행복과 불행을 불고不顧하는 분들입니다.『정전』「법위등급」'출가위' 조항만 보더라도 '원근 친소와 자타의 국한을 벗어나서 일체 생령을 위하여 천신만고千辛萬苦와 함지사지陷地死地를 당하여도 여한이 없는 사람의 위'라는 내용이 등장합니다. 일신의 고난와 고통을 생각하지 않고 그것들을 무릅쓰는 심법의 소유자들인 것입니다. 범부들은 어떻게 해서든 고난과 고통을 피하려고 하지만 불보살들은 그 단계 이상의 심법으로 살아갑니다. 범부의 잣대로 이분들의 삶을 저울질하기는 매우 어렵습니다.

이 법문의 내용 그대로 부처님이나 대종사님이 겪는 고난과 고통을 과거의 업보로 보는 것이 틀린 것은 아닙니다만, 중생 제도와 교화를 위해 고난과 고통을 기꺼이 무릅쓰고 무아봉공의 헌신을 하는 불보살들의 삶의 태도를 이해해야 인과보응에 대해서 과거 위주의 해석에 치우치지 않을 수 있다고 생각합니다.

불보살님들의 용심법은 범부 중생들의 그것과 다르다는 점을 전제해야 그분들이 감수하는 고난과 고통에 대한 인과적 해석이 온전할 수 있습니다.

나의 마음공부

- 내 삶에서 겪는 고난과 고통의 원인을 알고 있나요?

- 나는 고난과 고통을 피할 수 있는 능력이 있나요?

- 불보살님들은 왜 고난과 고통을 겪을까요?

- 과거의 죄업을 어떻게 하면 '줄여서 받을 수' 있을까요?

- 인과의 관점에서 볼 때 내 인생 설계는 잘 되었나요?

한 사람이 여쭙기를
[사람이 만일 지극한 마음으로 수도하오면 정업이라도 가히 면할 수 있겠나이까.]
대종사 말씀하시기를
[이미 정한 업은 졸연히 면하기가 어려우나
점진적으로 면해 가는 길이 없지 아니하나니,
공부하는 사람이 능히 육도 사생의 변화되는 이치를 알아서
악한 업은 짓지 아니하고, 날로 선업을 지은즉
악도는 스스로 멀어지고 선도는 점점 가까와 질 것이며,

혹 악한 인연이 있어서 나에게 향하여 옛 빚을 갚는다 하여도
나는 도심으로 상대하여 다시 보복할 생각을 아니한즉 그 업이 자연 쉬어질 것이며,
악과를 받을 때에도
마음 가운데 항상 죄업이 돈공한 자성을 반조하면서
옛 빚을 청산하는 생각으로 모든 업연을 풀어 간다면
그러한 심경에는 천만 죄고가 화로에 눈 녹듯 할 것이니,
이것은 다 마음으로 그 정업을 소멸시키는 길이요,

또는 수도를 잘한즉 육도 세계에 항상 향상의 길을 밟게 되나니,

어떠한 악연을 만날지라도 나는 높고 그는 낮으므로 그 받는 것이 적을 것이며,

덕을 공중에 쌓은즉 어느 곳에 당하든지 항상 공중의 옹호를 받는지라,

그 악연이 감히 틈을 타서 무난히 침범하지 못할지니,

이는 위력으로써 그 정업을 경하게 하는 것이니라.]

『대종경』「인과품」9장

- **졸연猝然·辛然** : 갑작스럽게. 까다롭거나 힘들지 않고 쉽게.
- **정업定業** : 이미 이전의 행동에 의하여 받아야 할 것으로 정해져 있는 업. 반드시 과보를 불러들이는 업. 전세前世에서부터 정해진 업보. 과보를 받을 시기가 현생·내생 등으로 정해져 있는 선악의 행위.
- **육도六道·六途** : 육취六趣라고도 함. 중생이 업의 원인에 따라 필연적으로 윤회하는 여섯 세계. 지옥地獄·아귀餓鬼·축생畜生·아수라阿修羅·인도人道·천도天道를 육도라 한다. 대부분의 아비달마 불교에서는 윤회의 세계로서 천상도·인도·축생도·아귀도·지옥도의 5도를 설했으며, 대승불교에서 인도 다음에 아수라도를 넣어 육도를 설하는 것이 일반적이다.
- **사생四生** : 불교에서 모든 생명체를 출생방식에 따라 태·난·습·화 네 가지로 분류한 것. 이 사생은 모두 깨치지 못한 미혹迷惑의 세계에 존재하여 육도를 윤회하는 것으로 되어 있다. ①태생胎生, jaraāyuja: 인간·야수 등과 같이 모태에서 태어난 것. ②난생卵生, andaja: 새와 같이 알에서 태어난 것. ③습생濕生, saāsvedaja: 벌레·곤충과 같이 습한 곳에서 생긴 것. ④화생化生, upapāduja: 천계나 지옥의 중생과 같이 무엇에도 의지하지 않고 과거의 자신의 업력業力에 의하여 나타나는 것을 말한다. 이러한 사생은 언제나 육도에 차례로 윤회하는 것으로 되어 있다.
- **악도惡道** : 현세에서 악업을 지은 결과로 장차 받게 될 고통의 세계. 육도세계 중에서 지옥도·아귀도·축생도·수라도. 주색낭유하고 허랑방탕하는 생활. 나쁘고도 험한 길. 난로難路·험로險路. 곧 인생살이가 험한 가시밭길임을 말한다. 정산종사는 "삼악도중생의 세계는 정욕의 세력이 모두를 지배하나니, 인도에서 바른 생각의 세력이 점점 더해 가는 것은 악도의 세계가 점점 멀어지는 것이요, 그 세력이 줄어지는 것은 악도의 세계가 차차 가까워지는 것이라"(『정산종사법어』「경의편」53장)고 했다.
- **선도善道** : 삼선도三善道를 줄여서 부르는 말. 축생·아귀·지옥을 삼악도라 하는데 대하여, 천도·인도·수라를 삼선도라 한다. 천상과 인도만을 선도로 보기도 한다.
- **돈공頓空** : 마음속에 일체의 분별 사량이 다 끊어져버려 텅 빈 마음(大空心)이 되는 것. 일원의 체성에 합한 마음. 한 생각이 일어나기 이전의 마음. 천지가 나뉘기 이전의 소식. 곧 청정자성심을 말한다. 일원의 진리의 체體를 표현하는 말. 공적空寂·진공眞空과 같은 뜻으로, 언어도단의 입정처요 선악업보가 끊어진 경지를 일컫는 말.
- **화로火爐** : 숯불을 담아 놓는 그릇.

정업이라도 가히 면할 수 있겠나이까. | 풀이 |

한 사람이 여쭙기를
[사람이 만일 지극한 마음으로 수도하오면 정업이라도 가히 면할 수 있겠나이까.]

인과보응의 이치, 인과론의 핵심 내용 중 하나가 '정업定業 난면難免' 입니다.
이미 정해진 업을 면할 수 없다는 뜻입니다.
이미 앞에서 거듭 강조된 내용이죠.
그런데 여기에 예외가 있을 수 있냐고 제자가 질문을 합니다.
'지극한 마음으로 수도'한다는 조건을 달아서.

대종사 말씀하시기를
[이미 정한 업은 졸연히 면하기가 어려우나
점진적으로 면해 가는 길이 없지 아니하나니,

정업을 면할 수 없는 것이 원칙입니다.
'졸연히 면하기'가 어렵다고 하십니다.
하지만 '점진적으로 면해 가는 길'을 찾아주십니다.
이미 「인과품」 8장에서
'그러나, 능력 있는 불보살들은
여러 생에 받을 과보라도 단생에 줄여서 받을 수는 있으나
아주 없애는 수는 없나니라.'라고 말씀하신 바와 같은 내용입니다.
그 설명을 좀 더 구체적으로 해주십니다.

그 방법은 크게 보자면 두 가지가 있다고 하십니다.
하나는 '마음으로 그 정업을 소멸시키는 길'이고,

둘은 '위력으로써 그 정업을 경하게 하는 것'입니다.

우선 '마음으로 그 정업을 소멸시키는 길'을 설명해주십니다.

공부하는 사람이 능히 육도 사생의 변화되는 이치를 알아서
악한 업은 짓지 아니하고, 날로 선업을 지은즉
악도는 스스로 멀어지고 선도는 점점 가까와질 것이며,

마음공부로 마음씀씀이를 새롭게 하고
선한 행위를 지속적으로 해서 선업을 짓는 것이
정업 소멸의 최우선 방법입니다.
이미 정해진 업이라도 '그 업을 받아들이는' 마음과 태도가 중요한 것입니다.
이미 정해진 과거의 업이니 받을 수밖에 없다고 생각해서
'될 대로 되어라' 식으로 피동적으로 아무 공부와 노력 없이 받아들이는 것은
공부인의 태도가 아닙니다.
엄밀히 보자면 '육도 사생의 변화되는 이치'를 '아는 것'만으로도 변화는 시작됩니다.
모르는 것과 아는 것은 엄청난 차이를 가져옵니다.
아는 것에 그치지 않고 '악한 업은 짓지 아니하고, 날로 선업을 지은 즉',
이미 과거에서 벗어나 새로운 사람으로 변화하는 것입니다.

'정업'을 '소멸'시킬 수는 없습니다.
'정업을 점진적으로 면해가는 길'의 핵심은
'정업'이 아니라 정업을 받아들이는 주체입니다.
정업을 변화시키기는 어렵지만 그것을 받아들이는 자신을 변화시킬 수는 있습니다.
정업을 받아들이는, 수용하는 '나'에게 주목하고, '나'를 변화시켜야 합니다.

예컨대, 빠르게 날아오는 야구공을 잡아야만 하는 경우라면
보통 사람이라면 준비 없이 아무렇게나 잡아서 다치거나 아플 수 있지만,

야구 선수라면 아무렇지도 않게 부드럽게 그 공을 잡을 수 있을 것입니다.
빠르게 날아오는 공이 '정업'이라면 그 공을 어쩔 수는 없습니다.
하지만 그 공을 잡는 '사람'이 공을 '잘 받아'낼 수는 있습니다.

혹 악한 인연이 있어서 나에게 향하여 옛 빚을 갚는다 하여도
나는 도심으로 상대하여 다시 보복할 생각을 아니한즉 그 업이 자연 쉬어질 것이며,

'악한 인연'에 의한 정업의 예입니다.
자칫하면 보복과 보복의 악순환이 될 수 있으니
'보복할 생각'을 하지 말아야 악순환의 고리가 끊어지고 업을 '쉬'게 된다고 하십니다.
'도심道心'이란 이런 업의 악순환을 멈추는 '온전한 마음'이고,
'은생어해恩生於害'를 하는 '은혜로운 마음'일 것입니다.
'업을 쉰다'는 것은 '마음을 쉰다'는 것과 같습니다.
보복할 '마음'부터 쉬어야 '업'도 쉬어집니다.

악과를 받을 때에도
마음 가운데 항상 죄업이 돈공한 자성을 반조하면서
옛 빚을 청산하는 생각으로 모든 업연을 풀어 간다면
그러한 심경에는 천만 죄고가 화로에 눈 녹듯 할 것이니,
이것은 다 마음으로 그 정업을 소멸시키는 길이요,

견디기 힘든 고통스러운 악한 과보를 어떻게 받아들여야 할까요?
더구나 이유를 모르고 악과惡果를 받아들이는 일은 매우 고통스럽습니다.
과거에 내가 어떤 악업을 지었는지 알 수 없다면 더 억울할 수밖에 없습니다.
받아들이기를 거부하거나 세상을 탓하게 되고, 전생을 탓하게 됩니다.
맹렬히 거부하다가 새로운 업을 지을 수도 있습니다.

부처님들과 성현님들은 어떻게 지난 악과惡果를 받아들일까요?

'마음 가운데 항상 죄업이 돈공한 자성을 반조하면서' 받아들이십니다.
소위 '텅 빈 마음'으로 받아들이시는 것입니다.
비유하자면, 실체가 텅 빈 마음 그릇에 과보를 담으라는 말씀입니다.
마음의 실체가 공空하니 마음 그릇도 없고 담기는 과보도 없습니다.
밑 빠진 독에 물 붓기와 같습니다.
대종사님은 화로점설火爐點雪로 비유하십니다.
뜨거운 화로에 한 점 눈이 떨어지면 한순간에 녹아 없어지는 것과 같습니다.
'돈공頓空한 자성自性'이 '화로'라면 '천만 죄고'는 녹아버리는 '눈'입니다.

대종사님께서는 '옛 빚을 청산하는 생각'으로 '업연을 풀어'가라고 하십니다.
과거의 잘잘못을 들춰서 가려내다가 '업연業緣'이 더 꼬일 수 있습니다.
내가 지은 '옛 빚'이라고 생각하라는 가르침입니다.
범부 중생들이 받아들이기 어렵고 고통스러운 권유입니다.
하지만 이런 가르침을 실행해야 불보살의 심법을 체받을 수 있고
그래야 정업을 '점진적으로 면해' 갈 수 있습니다.
마음공부의 지극한 경지를 보여주시는 대종사님의 비유 법문입니다.

다음은 '위력으로써 그 정업을 경하게 하는' 방법입니다.

또는 수도를 잘한즉 육도 세계에 항상 향상의 길을 밟게 되나니,
어떠한 악연을 만날지라도 나는 높고 그는 낮으므로 그 받는 것이 적을 것이며,

업을 수용하는 주체가 수행으로 '향상의 길'을 가서 '높은' 경지에 머무르는 것입니다.
예컨대, 강아지가 코끼리에게 앙갚음을 하려고 해도 한계가 있는 것과 같고,
평범한 백성이 왕에게 보복을 하려고 해도 여의치 않은 것과 같습니다.
강아지가 아무리 코끼리를 물어도 상처를 낼 수 없는 것과 같고
왕이 평범한 백성의 해코지를 쉽게 물리칠 수 있는 것과도 같습니다.
같은 '정업'이라도 '누가' 받아들이느냐에 따라 그 영향은 크게 달라집니다.

'경계'는 같아도 '마음의 힘'을 키우면 '경계'의 힘이 감소하는 이치입니다.
공부인들이 끊임없이 자기완성의 공부를 해서 진급의 길을 간다면
비록 악업을 받더라도 그 고통과 여파를 상당히 줄일 수 있습니다.

덕을 공중에 쌓은즉 어느 곳에 당하든지 항상 공중의 옹호를 받는지라,
그 악연이 감히 틈을 타서 무난히 침범하지 못할지니,

예컨대, 나라에서 큰 훈장을 받은 사람이 경범죄를 범하더라도
그 죄과를 경감받게 되는 것과 같습니다.
과거에 1 만큼의 악업을 지은 사람이 참회 각성해서
99 만큼의 덕을 쌓고 보은을 한다면
99의 덕과 은혜를 입을 사람들이 그 사람을 '옹호'할 것입니다.
1의 과보를 받더라도 그 영향이 상당히 가벼워질 것이 분명합니다.

이는 위력으로써 그 정업을 경하게 하는 것이니라.]

소태산 대종사님은 '마음'과 '위력' 두 가지로 나눠서
'정업을 점진적으로 면해가는' 방법을 알려주셨습니다만,
두 가지가 방법이 서로 다른 것이 아니라 깊이 살펴보면 하나임을 알 수 있습니다.
왜냐하면, 선한 '마음' 가짐과 온전한 '마음' 씀씀이가 쌓이고 쌓이다 보면
사람의 인격을 향상시키게 되고 진급의 길로 이끌게 되어
일정한 '위력'을 갖추게 되기 때문입니다.
애초에 업도 마음에서 비롯되고 정업을 받아들이는 것도 마음이 관건인 셈입니다.
늘 마음을 잘 챙기고 마음공부를 잘해야 하는 이유입니다.
그래야 악업을 짓지 않을 수 있고
혹시 지었다고 하더라도 '점진적으로 면'해 갈 수 있기 때문입니다.

나의 마음공부

- 내가 지은 좋지 않은 업을 과보로 받아들일 때 나의 마음은 어떤가요?

- 나는 내 잘못을 잘 인정하고 그 결과를 잘 받아들이는 편인가요?

- 누군가로부터 나쁜 과보를 받을 때 '보복'의 마음 없이 받을 수 있나요?

- 과거의 잘못에도 불구하고 끝없이 공부에 정진하고 선업을 짓는 노력을 하나요?

- 억울한 과보를 받을 때도 '옛 빚을 청산한다'는 마음으로 받아들일 수 있나요?

- 화로가 눈을 흔적 없이 녹이듯이 나도 죄업을 공한 자성으로 녹일 수 있나요?

한 제자 어떤 사람에게 봉변을 당하고 분을 이기지 못하거늘,
대종사 말씀하시기를
[네가 갚을 차례에 참아 버리라.
그러하면, 그 업이 쉬어지려니와
네가 지금 갚고 보면 저 사람이 다시 갚을 것이요,
이와 같이 서로 갚기를 쉬지 아니하면 그 상극의 업이 끊일 날이 없으리라.]

『대종경』「인과품」10장

• **봉변 逢變** : 뜻밖의 변이나 망신스러운 일을 당함. 또는 그 변.

네가 갚을 차례에 참아 버리라 | 풀이 |

한 제자 어떤 사람에게 봉변을 당하고 분을 이기지 못하거늘,

뜻밖에 망신스러운 일을 당해서 화가 난 제자에게
소태산 대종사님께서 귀중한 가르침을 주십니다.
제자가 자신 잘못과는 상관없이 억울한 일을 당했을 수도 있고
제자의 잘못에서 비롯된 봉변일 수도 있을 것입니다.
여기선 어느 경우인지 모르겠으나 두 경우 모두에 해당하는 법문이라고 봅니다.
단, 여기서 '봉변逢變'이라고 표현된 것으로 봐서는
상대방의 대응이 잘못된 것으로 판단됩니다.
즉, 혹시 제자가 잘못된 일을 했다고 하더라도
상대방의 처사가 제자에게는 '봉변'으로 받아들여진 상황으로 보입니다.
상대방의 행동이 제자의 분노를 유발해서 상황이 더 악화되려는 때
대종사님께서 제자에게 '경계에 응하는' 공부법을 알려주십니다.

대종사 말씀하시기를
[네가 갚을 차례에 참아 버리라.
그러하면, 그 업이 쉬어지려니와
네가 지금 갚고 보면 저 사람이 다시 갚을 것이요,
이와 같이 서로 갚기를 쉬지 아니하면 그 상극의 업이 끊일 날이 없으리라.]

제자는 자신이 억울하다고 느꼈고
그래서 분노하고 상대에게 되갚으려고 했던 것 같습니다.

어리석은 사람들은 이런 경계에 응할 때 '되갚으려' 합니다.

자칫하면 그것을 '인과의 이치'에 맞는 행위라고 자위하기도 합니다.
하지만 대종사님은 '네가 갚을 차례에 참아 버리라'고 하십니다.
마치 예수님이 한쪽 뺨을 맞았을 때 다른 쪽 뺨도 내주라고 하신 것과 같습니다.
내가 한 대 맞았으니 나도 한 대 때리겠다는 방식과는 매우 다른 대응입니다.

내가 갚으면 또 상대방이 갚아오고,
내가 또 거기에 되갚음을 하면, 상대방도 또다시 되갚음하는 것을
'인과의 이치'라고 할 수 있습니다.
하지만 이런 것만을 '인과의 이치'로 안다는 것은
'인과의 이치'의 반쪽만을 아는 것에 불과합니다.
이 업의 굴레에서 벗어나기 위해서는
'인과의 이치'에 대한 깊은 깨달음과 용심법이 필요합니다.
우리가 인과의 이치를 배우는 까닭입니다.

'내가 갚을 차례'에 갚지 않는 데에 인과의 이치를 배우는 핵심이 있습니다.
'서로 갚기를 쉬지 아니하면 그 상극의 업이 끊일 날이 없'겠지만
내가 갚지 않고 '참아 버리'니까 '새로운 인과'가 시작됩니다.
중요한 것은 상대의 변화를 요구하지 않고 내 대응 방식을 변화시키는 것입니다.

이렇게 새롭게 대응하는 데에서 새로운 인과, 새로운 삶이 시작됩니다.
'서로 갚기를 쉬지 아니 하'는 삶은 과거에 얽매인 삶입니다.
내가 '참아' 낼 때에 '업이 쉬어'지고 여기서 바로 새 삶이 열립니다.
업에 이끌린 상투적인 삶이 종식되고
내 마음에 따라, 내 취사取捨, 결정에 따라 새 삶이 전개됩니다.

이렇게 '참아' 내야 새로운 삶이 열린다는 것을 알기 위해서
'인과의 이치'를 배우는 것이고
이렇게 '참아' 내기가 어렵기 때문에 마음공부에 공을 들이는 것입니다.

억울한 일을 당했을 때 그 사태를 깊이 통찰해야 합니다.
내 잘못도 없는데 누군가 내게 억울한 행위를 한다면
그 잘못된 업은 그 사람의 것입니다.
그런데 그 잘못된 업에 내가 대응을 잘못하면 나도 악업을 짓게 되는 것입니다.
시비를 가려야 할 정당한 이유가 있다면 몰라도
시비를 가리는 일이 내 삶의 낭비가 되는 경우라면
시비를 가리지 않고 내 삶에 충실한 것이 진정한 강자의 길입니다.
되갚는 일보다 내 삶을 잘 사는 것이 더 소중한 일입니다.

어떤 경계에도 인과의 이치에 바탕해서
'온전한 생각으로 취사하기를 주의'한다면
업을 벗어나서 새롭고 은혜로운 미래지향적 삶을 살 수 있을 것입니다.

나의 마음공부

• 누군가로부터 '봉변'을 당했을 때 나는 어떤 대응을 하나요?

• 그런 봉변에 대해서 갚지 않고 참아낸 경험이 있나요?

• 나는 어떤 봉변도 참아낼 만한 마음의 힘을 갖추었나요?

- '서로 갚기'를 쉬지 않아서 상극의 고통을 겪은 경험이 있나요?

- '인과의 이치'를 활용해서 되갚음의 굴레에서 벗어난 경험이 있나요?

- 겉으로는 갚지 않고 참았지만 속으로는 마음의 앙금이 남았던 경험은 없나요? 이런 경우에는 어떻게 마음공부를 해야 할까요?

한 교도가 부부간에 불화하여
내생에는 또다시 인연 있는 사이가 되지 아니하리라 하며
늘 그 남편을 미워하거늘,
대종사 말씀하시기를
[그 남편과 다시 인연을 맺지 아니하려면
미워하는 마음도 사랑하는 마음도 다 두지 말고 오직 무심으로 대하라.]

『대종경』「인과품」11장

다시 인연을 맺지 아니하려면 | 풀이 |

한 교도가 부부간에 불화하여
내생에는 또다시 인연 있는 사이가 되지 아니하리라 하며
늘 그 남편을 미워하거늘,

서로 몰랐던 인연이 서로 사랑하고 호감을 키워 부부의 연을 맺었습니다.
그런데 사랑이 미움으로 변하게 되었습니다.
차마 당장 헤어지지는 못하고 내생에는 만나고 싶지 않다고 합니다.
마음이 변하고, 사이가 변하고, 인연이 변하고 있습니다.

대종사 말씀하시기를
[그 남편과 다시 인연을 맺지 아니하려면
미워하는 마음도 사랑하는 마음도 다 두지 말고 오직 무심으로 대하라.]

이 법문은 매우 간명합니다.
간단하지만 인연에 대한 깊은 통찰을 주는 법문입니다.
사랑하는 마음은 물론이고 미워하는 마음도 갖지 말라고 설하십니다.
'오직 무심으로 대하라'고 하시니
흔히 말하는 '사랑이나 미움보다 더한 것이 무관심'이라는 말이 생각납니다.
일단 어떤 감정을 일으키지 말라는 말씀입니다.

사랑해도 인연을 맺게 되고, 미워해도 인연을 맺게 됩니다.
어떤 한 마음이 생기고 움직인다는 것은 일종의 기운과 에너지가 됩니다.
마음을 따라 내 삶도 움직이게 됩니다.
'오직 무심無心으로 대하라'는 말씀은 마음을 움직이지 말라는 말씀과 같습니다.

마음이 동動하면 나머지도 따라 움직여서 인연이 강하게 맺어집니다.
예컨대, 작은 통 안에서 두 물건이 서로 마주 보고 가도 만나게 되지만
서로 등을 돌리고 멀어져가도 결국은 만나게 되는 것과 같은 이치입니다.

미움과 사랑은 동전의 양면과 같습니다.
사랑이 미움을 낳고 미움이 사랑을 낳곤 합니다.
'무심'이라는 새로운 차원의 마음으로 자신을 돌아보고
부부관계를 돌아볼 필요가 있습니다.

'사랑하는 마음'도 '미워하는 마음'도 모두 '마음의 자유'를 방해할 수 있습니다.
꼬인 인연을 풀려면 마음부터 풀어야 합니다.
마음을 풀려면 사랑과 미움의 감정부터 풀어야 합니다.
그래서 마음의 자유, 해탈을 얻어야 자유로운 삶이 가능합니다.
자유로운 삶이 가능해야 새로운 시작도 가능합니다.

다음 생에 어떤 인연으로 다시 만나느냐도 중요한 일이겠지만
사실은 지금 당장 '미워하는 마음'으로 배우자를 대하는 일 그 자체가
매우 고통스럽고 불행한 일입니다.
현실의 삶을 위해서도 사랑이나 미움에 물든 마음을 비우고
'온전한 마음'을 회복하는 일이 중요합니다.
법문의 '무심'은 온전한 마음의 한 부분이라고 할 수도 있습니다.
처음에는 감정에 물들지 않도록 방어하는 '무관심'이라도 챙겨야겠지만
나중에는 진리와 함께하는 '온전한 마음'을 챙겨야겠습니다.

한 마음이 '인因'이고 이 씨앗은 반드시 어떤 '연緣'을 만나 '과果'를 맺습니다.
이것이 불변의 인과의 법칙입니다.
이 법문에서 사랑하는 마음, 미워하는 마음은 '인因'이고,
여자에게 남편은 '연緣'이고,

'부부간에 불화'하고 그녀가 '남편을 미워하'는 것은 '과果'입니다.
대종사님은 처음으로 돌아가서 그 '인因'부터 바꾸라고 하십니다.
일단 '무심'으로.

이 법문은 모든 부부관계, 모든 인연 관계에 두루 참고할 가르침을 담고 있습니다.

나의 마음공부

• 나는 미워하는 사람을 어떻게 대하나요?

• 다시 만나고 싶지 않은 사람을 어떻게 대하나요?

• 나는 누군가를 '무심無心'으로 대한 적이 있나요?

• 모든 인연을 원만하고 좋게 유지하려면 어떻게 해야 할까요?

• 바람직한 인연, 인간관계를 맺으려면 어떻게 해야 할까요?

대종사 봉래 정사에 계시더니
마침 포수가 산돼지를 그 근처에서 잡는데 그 비명소리 처량한지라,
인하여 말씀하시기를
[한 물건이 이로움을 보매 한 물건이 해로움을 당하는도다.] 하시고,
또 말씀하시기를
[산돼지의 죽음을 보니 전날에 산돼지가 지은 바를 가히 알겠고,
오늘 포수가 산돼지 잡음을 보니 뒷날 포수가 당할 일을 또한 가히 알겠도다.]

『대종경』「인과품」12장

- **봉래정사 蓬萊精舍** : 전북 부안군 변산면 실상동의 실상초당과 석두암을 통칭하여 봉래정사라 한다. 봉래정사라고 이름하는 것은 변산을 소금강小金剛으로 여기어 금강산의 별칭인 봉래산의 이름을 따 그 수양처를 봉래정사라 했다. 소태산대종사는 1919년(원기4)부터 1924년(원기9)까지 5년간 봉래정사에 머물렀다.
- **처량 凄凉하다** : 마음이 구슬퍼질 정도로 외롭거나 쓸쓸하다. 초라하고 가엾다.

그 비명소리 처량한지라 | 풀이 |

대종사 봉래 정사에 계시더니
마침 포수가 산돼지를 그 근처에서 잡는데 그 비명소리 처량한지라,
인하여 말씀하시기를

소태산 대종사님께서 영광에서 회상 창립을 위해 방언공사와 법인기도 등을 마치고
부안 변산에 오셔서 잠시 숨을 고르며 교법 초안을 구상하실 때의 일입니다.
포수에 의해서 죽어가는 산돼지의 비명소리가 애처롭게 들렸던 모양입니다.
이 상황에 응해서 인과의 이치를 설하십니다.

[한 물건이 이로움을 보매 한 물건이 해로움을 당하는도다.] 하시고,

포수는 포수의 이로움을 위해 산돼지를 잡는 것이지만
산돼지는 포수에 의해 죽어갈 수밖에 없는 냉엄한 현실을 그대로 읽어내십니다.

또 말씀하시기를
[산돼지의 죽음을 보니 전날에 산돼지가 지은 바를 가히 알겠고,
오늘 포수가 산돼지 잡음을 보니 뒷날 포수가 당할 일을 또한 가히 알겠도다.]

이로움과 해로움이 상충하는 상극의 상황에서 인과의 이치를 읽어내시고
그에 따라 앞으로 두 주체의 삶이 어떻게 변화될 것인지를 예견하십니다.

포수와 산돼지의 죽고 죽이는 관계가 과거·현재·미래 삼세에 걸쳐
서로 뒤바뀔 수 있다는 인과보응의 이치를 알려주십니다.

「인과품」 1장에서
'우주의 진리는 원래 생멸이 없이 길이길이 돌고 도는지라,
가는 것이 곧 오는 것이 되고 오는 것이 곧 가는 것이 되며,
주는 사람이 곧 받는 사람이 되고 받는 사람이 곧 주는 사람이 되나니,
이것이 만고에 변함없는 상도常道니라.' 라고 밝힌 바와 같습니다.

만고불변의 진리에 따라 사냥꾼과 멧돼지의 삼세를
'장중掌中에 한 구슬같이'-『정전』「일원상의 진리」 드러내어 알려주십니다.

'연고 없이 살생을 말며'라는 계문도 인과의 이치에서 비롯된 것임을 알 수 있습니다.

참고로, 어떤 사물이나 현상을 보고 얻는 깨달음이나 느낌을 원불교에서는 '감각감상感覺感想'이라고 합니다. 정기일기에 기재하는 감각감상과 심신작용 처리건 중의 하나입니다. 이 짧은 법문은 소태산 대종사님께서 산돼지의 비명소리를 들으면서 느낀 감각감상이라고 할 수 있습니다. 넓게 보자면 『대종경』 전체 내용이 다 감각감상이라고 할 수 있겠으나 이렇게 특별한 일을 통해서 느낀 바를 진리에 대한 깨달음으로 연결지은 내용은 공부인들의 감각감상 기재에 참고할 만한 대표적인 예라고 하겠습니다.
공부인들은 자신을 둘러싼 세상에서 일어나는 모든 일들에서 '진리'를 발견하고 그 일, 경계들에 응해서 어떻게 심신작용을 할 것인가를 공부로 삼아야겠습니다. 그래야 평범한 일상에서도 깨달음을 얻고 일상생활이 곧 수행이 되는 삶을 살 수 있을 것입니다.

나의 마음공부

- 나는 주변 사람이나 사물에 어떤 해로움을 주었는지 생각해 봅니다.

- 나는 주변 사람이나 사물로부터 어떤 해로움을 받았는지 생각해 봅니다.

- 나는 주변 사람이나 사물에게 어떤 이로움을 주고 있는지 생각해 봅니다.

- 나는 주변 사람이나 사물로부터 어떤 이로움을 받고 있는지 생각해 봅니다.

- 앞으로 내가 받을 과보를 생각해 봅니다.

- 인과의 이치에 따라 내 삶을 새롭게 구상해봅니다.

대종사 말씀하시기를
[사람이 몸과 입과 마음으로 가지가지의 죄업을 지어
그 과보 받는 종류가 실로 한이 없으나,
몇 가지 비근한 예를 들어 그 한 끝을 일러 주리라.

사람이 남에게 애매한 말을 하여 속을 많이 상하게 한즉
내세에 가슴앓이를 앓게 될 것이며,
사람이 남의 비밀을 엿보거나 엿듣기를 좋아한즉
내세에 사생아 등으로 태어나 천대와 창피를 당할 것이며,
사람이 남의 비밀을 잘 폭로하고 대중의 앞에 무안을 잘 주어서
그 얼굴을 뜨겁게 한즉
내세에는 얼굴에 흉한 점이나 흉터가 있어서 평생을 활발하지 못하게 사나니라.]

『대종경』「인과품」13장

• 비근 卑近하다 : 흔히 주위에서 보고 들을 수 있을 만큼 알기 쉽고 실생활에 가깝다.

과보 받는 종류가 실로 한이 없으나 | 풀이 |

대종사 말씀하시기를
[사람이 몸과 입과 마음으로 가지가지의 죄업을 지어
그 과보 받는 종류가 실로 한이 없으나,

선업을 짓는 것도, 악업을 짓는 것도 모두 몸, 입, 마음으로 이뤄집니다.
다른 말로는 '심신작용心身作用'입니다.
그래서 정기일기에 기재하는 내용이 '심신작용心身作用 처리건處理件'인 이유입니다.
하루를 정리하면서 하루를 뒤돌아보면서
선업과 악업을 얼마나 어떻게 지었는지를 자기가 평가하는 것입니다.
몸과 입과 마음으로 짓는 모든 것이 업이 되니
늘 마음을 챙겨야 하고 무시선無時禪 공부를 할 수밖에 없는 것이죠.
나의 심신작용 하나하나가 내 삶의 행복과 불행을 좌우하기 때문에
심신작용처리할 때마다 '온전한 생각으로 취사하기를 주의'할 수밖에 없습니다.

한 사람의 심신작용을 세부적으로 보자면 숫자를 셀 수 없을 정도로 많습니다.
그러니 그 각각의 심신작용에 따라오는 과보의 종류도 셀 수 없이 많습니다.
무량한 인과의 세계가 무한히 펼쳐지는 것입니다.

몇 가지 비근한 예를 들어 그 한 끝을 일러 주리라.

그래서 대종사님은 '몇 가지 비근한 예'를 들어주시는데
이렇게 해도 무량하고 무한한 인과의 현상을 설명하기엔 부족하죠.
그래서 '그 한 끝을 일러 주리라'라고 표현의 한계를 미리 언급하십니다.
한두 가지 예를 통해서 인과의 이치를 깨달아 심신작용에 활용하라는 뜻입니다.

사람이 남에게 애매한 말을 하여 속을 많이 상하게 한즉
내세에 가슴앓이를 앓게 될 것이며,
사람이 남의 비밀을 엿보거나 엿듣기를 좋아한즉
내세에 사생아 등으로 태어나 천대와 창피를 당할 것이며,
사람이 남의 비밀을 잘 폭로하고 대중의 앞에 무안을 잘 주어서
그 얼굴을 뜨겁게 한즉
내세에는 얼굴에 흉한 점이나 흉터가 있어서 평생을 활발하지 못하게 사나니라.]

인과의 이치를 너무 단순화하고 원인과 결과를 직결한 듯한 느낌이 듭니다만
'몇 가지 비근한 예를 들어 그 한 끝을 일러 주리라'고 하신 뜻을 새기면서
이 예들을 공부삼아야겠습니다.
내 '몸과 입과 마음으로' 지금 무슨 업을 짓는지를 알아차리지 못하면
내가 어떤 과보를 받으면서도 그 사실을 알아채지 못하고 받아들이지 못하게 됩니다.
사실은 자작자수自作自受, 내가 지어서 내가 받는 것인데도 말입니다.

내가 지금 받고 있는 과보를 잘 보면
내가 과거에 나의 몸과 입과 마음으로 지은 바를 알 수 있고,
내가 지금 나의 몸과 입과 마음으로 짓는 바를 보면
내가 미래에 받게 될 과보도 알 수 있는 것입니다.

그래서 인과의 이치는
과거를 이해하는 원리임과 동시에
미래를 설계하고 준비하기 위한 유용한 원리입니다.

인과의 이치를 자각하면 내 삶이 즉각적으로 바뀝니다.
'가슴앓이'를 앓지 않으려 '남에게 애매한 말을' 하지 않을 것이고,
'천대와 창피'를 당하지 않으려 '남의 비밀을 엿보거나 엿듣기'를 그칠 것이고,
'평생을 활발하지 못하게' 살지 않으려

'남의 비밀을 폭로하거나 대중의 앞에서 '무안' 주기를 그칠 것입니다.
이렇게 내 심신작용을 바꾸기 시작하면 '인因'이 바뀌는 것이고
'인因'이 바뀌면 당연히 '과果'도 반드시 바뀌게 됩니다.
이 얼마나 명쾌한 이치인가요.

인과의 이치는 내 삶에 바로 활용되어야 비로소 그 위력을 발합니다.
'그렇다고 하더라'는 식으로 강 건너 불 보듯이 인식해서는 별 소용이 없습니다.
현재의 내 삶의 방식, 심신작용을 변화시키는 데 적용해야 합니다.
선인선과 악인악과의 이치를 유념해서
내가 지금 '몸과 입과 마음으로' 짓는 업을 변화시켜야 합니다.
그래야 인과의 이치를 공부하는 공덕을 얻을 수 있습니다.

나의 마음공부

• 나는 '몸과 입과 마음으로' 짓는 바(업業)를 잘 알아차리고 있나요?

• 내가 '몸'으로 짓는 것(身業)을 어떻게 바꾸고 싶나요?

• 내가 '입'으로 짓는 것(口業)을 어떻게 바꾸고 싶나요?

- 내가 '마음'으로 짓는 것(意業)을 어떻게 바꾸고 싶나요?

- 내가 받을 미래의 과보 가운데 가장 걱정되는 것은 무엇인가요?

- 나의 미래를 위해 변화시켜야 할 내 현재의 습관이나 삶은 무엇인가요?

한 제자 여쭙기를
[벼락을 맞아 죽는 것은 어떠한 죄업으로 인함이오니까.]
대종사 말씀하시기를
[부지불각간에 벼락을 맞아 죽는 것은
그 죄업도 또한 부지불각간에 중인에게 벼락을 준 연고이니,
예를 들면 자기의 권력이나 무력 등을 남용하여 많은 대중을 살생하였다든지,
또는 악한 법을 강행하여 여러 사람들에게 많은 해를 입혔다든지 하는 등의
죄업으로 인한 수가 많나니라.]

『대종경』「인과품」14장

- **벼락** : 공중의 전기와 땅 위의 물체에 흐르는 전기 사이에 방전 작용으로 일어나는 자연 현상. 몹시 심하게 하는 꾸지람이나 나무람을 비유적으로 이르는 말. 매우 빠름을 비유적으로 이르는 말.
- **부지불각 不知不覺** : 자신도 모르는 결. 자신도 알지 못하고 깨닫지 못함.

벼락을 맞아 죽는 것은 | 풀이 |

한 제자 여쭙기를
[벼락을 맞아 죽는 것은 어떠한 죄업으로 인함이오니까.]

벼락이란 전기적인 자연 현상으로서 별스러운 현상이 아니지만
벼락을 맞는 사람에겐 불의의 사고가 되는 충격적 현상입니다.
예상치 못한 재앙의 상징적 현상이어서 예로부터 특별한 의미가 부여되곤 했죠.
이 법문도 벼락 맞음과 죄업의 관계를 묻는 제자의 질문에서 시작됩니다.

대종사 말씀하시기를
[부지불각간에 벼락을 맞아 죽는 것은
그 죄업도 또한 부지불각간에 중인에게 벼락을 준 연고이니,
예를 들면 자기의 권력이나 무력 등을 남용하여 많은 대중을 살생하였다든지,
또는 악한 법을 강행하여 여러 사람들에게 많은 해를 입혔다든지 하는 등의
죄업으로 인한 수가 많나니라.]

소태산 대종사님은 자연현상 벼락이 갑자기 쳐서 피해를 입히는 것과 같이
'부지불각'간에, '여러 사람들에게 많은 해를 입'히는 것을
'벼락을 맞아 죽는 것'의 원인으로 보셨습니다.
무력 사용으로 대중을 죽게 하거나 악법으로 대중에게 많은 해를 입힌
권력자들의 행태를 그 예로 드십니다.
역사적으로 그런 폭군이나 못된 권력자들이 대중들의 봉기나 혁명 등으로
비참한 과보를 받아 처참하게 죽게 되는 사례는 매우 흔합니다.
못된 권력자의 입장에선 '벼락'을 맞아 죽는 것과 다름없었을 것입니다.

물론, 그런 죄업을 지은 사람들이 반드시 '자연현상'인 '벼락'으로 과보를 받는 것에 대해서는 의문이 있을 수 있습니다.
대종사님께서도 '…하는 등의 죄업으로 인한 수가 많나니라.'라고 여지를 두신 점도 눈여겨보면서 계속 궁구할 필요가 있습니다.

분명한 것은 '벼락 맞을 짓'을 하는 사람의 '과보'가 어떨 것인지에 대해
깊이 생각해보고 각자 자신의 삶을 성찰할 때 이 법문의 본의가 살아날 것입니다.

나의 마음공부

- 나는 '부지불각간에' 여러 사람에게 해를 입히거나 놀라게 한 일을 했나요?

- 내가 보기에 '벼락 맞을 짓'을 하는 사람들은 어떤 사람들인가요?

- '벼락 맞을 짓'을 하는 사람들의 과보가 어땠는지 생각해봅니다.

- 어떻게 해야 '벼락'을 맞지 않고 평화롭고 행복하게 살 수 있을지 생각해봅니다.

15

대종사 서울 교당에서 건축 감역을 하시는데,
여러 일꾼들이 서로 말하기를,
사람이 아무리 애를 써도 억지로는 잘 살 수 없는 것이요,
반드시 무슨 우연한 음조陰助가 있어야 되는 것이라고 하는지라,
대종사 들으시고 그 후 제자들에게 말씀하시기를
[대저 우리 인간이 이 세상에 살아가자면
우연한 가운데 음조와 음해가 없지 아니하나니
모르는 사람들은 그것을 하나님이나 부처님이나 조상이나 귀신이
맡아 놓고 주는 것인 줄로 알지마는
아는 사람은 그 모든 것이 다 각자의 심신을 작용한 결과로
과거에 자기가 지은 바를 현재에 받게 되고,
현재에 지은 바를 또한 미래에 받게 되는 것이요,
짓지 아니하고 받는 일은 하나도 없는 줄로 아나니,

그러므로 어리석은 사람들은 이치 아닌 자리에 부귀와 영화를 억지로 구하며
빈천과 고난을 억지로 면하려 하나,
지혜 있는 사람은 이미 지어 놓은 죄복은 다 편안히 받으면서
미래의 복락을 위하여 꾸준히 노력을 계속하는 것이며,
같은 복을 짓는 중에도 국한 없는 공덕을 공중에 심어서
어느 때 어느 곳에서나 복록의 원천이 마르지 않게 하나니라.]

『대종경』「인과품」 15장

- **감역 監役** : 토목·건축 따위의 공사를 감독함.
- **음조 陰助** : 도움받는 사람도 모르게 넌지시 뒤에서 도와줌.
- **대저 大抵** : 대체로 보아서.
- **음해 陰害** : 자신을 드러내지 않고 음흉한 방법으로 남을 넌지시 해함.
- **복록 福祿** : 복과 녹. 복되고 영화로운 삶.

우연한 음조陰助 | 풀이 |

대종사 서울 교당에서 건축 감역을 하시는데,
여러 일꾼들이 서로 말하기를,
사람이 아무리 애를 써도 억지로는 잘 살 수 없는 것이요,
반드시 무슨 우연한 음조陰助가 있어야 되는 것이라고 하는지라,

사람이 잘 살려면 자신의 힘만으로는 되지 않고
'우연한 음조', 보이지 않는 도움이 필요하다는 이야기를 들으신
소태산 대종사님께서 쉽고 자세한 설명을 해주십니다.

대종사 들으시고 그 후 제자들에게 말씀하시기를
[대저 우리 인간이 이 세상에 살아가자면
우연한 가운데 음조와 음해가 없지 아니하나니

우연한 음조와 음해를 일단 긍정하십니다.
하지만 '우연한 음조'에 대한 해석을 새롭게 하십니다.

모르는 사람들은 그것을 하나님이나 부처님이나 조상이나 귀신이
맡아 놓고 주는 것인 줄로 알지마는

'모르는 사람들'이란 인과의 이치를 모르는 사람들이라고 할 수 있습니다.
그들이 말하는 '우연한 음조와 음해'의 해석을 다르게 하십니다.
하나님, 부처님, 조상, 귀신 등이 주는 것이 아니라고 단언하십니다.
인과의 이치를 '모르는 사람들'의 착각이나 오해입니다.
이런 그릇된 믿음이 바로 '미신'이고,

이런 믿음에 바탕한 종교는 '진리적 종교'-『정전』「개교의 동기」가 아닙니다.
인과의 이치에 어긋나면 '사실적'이지도, '진리적'일 수도 없습니다.

요컨대, '음조'와 '음해'는 인과의 이치를 모르기 때문에 존재합니다.
음조와 음해 역시 일반적인 과보일 뿐입니다.
굳이 달리 표현하자면 '아직 그 원인을 알지 못한 과보'라고 할 수 있습니다.
인과의 이치에 예외는 없습니다.

아는 사람은 그 모든 것이 다 각자의 심신을 작용한 결과로
과거에 자기가 지은 바를 현재에 받게 되고,
현재에 지은 바를 또한 미래에 받게 되는 것이요,
짓지 아니하고 받는 일은 하나도 없는 줄로 아나니,

자작자수自作自受, 자업자득自業自得, 선인선과善因善果 악인악과惡因惡果가
인과의 법칙입니다.
자기가 지은 업을 자기가 그대로 받는 것입니다.
나의 업이란 나의 심신心身, 내 몸과 내 마음으로 지은 것입니다.
그에 따른 업보, 과보 또한 내가 받는 것입니다.
지금 받는 과보는 내가 과거에 지은 대로 받는 것이고,
미래에 받을 과보는 현재에 내가 짓는 대로 받게 될 것입니다.
과거, 현재, 미래는 이렇게 하나로 연결되어 있습니다.
단촉한 관점으로 단절적으로 보니 내가 지은 대로 받는 것을 보지 못할 뿐입니다.

이 사실을 명확히 깨달은 사람들은
현재 자신의 '심신 작용'에 집중합니다.
나의 '심신을 작용한 결과'가 바로 '내가 받을 미래의 과보'이기 때문입니다.

'심신心身'을 풀어서 보면 육근六根으로서 눈·귀·코·혀·몸·뜻(마음)이고,

'심신心身'을 줄여서 보면 '마음'으로 볼 수도 있습니다.
왜냐하면 몸의 주인은 마음이기 때문입니다.
'마음'이 움직이면 '몸'은 따라가기 때문입니다.
그래서 '마음공부'가 중요합니다.
한 마음을 어떻게 쓰느냐에 따라 내 업이 달라지고
내 업에 따라 업보, 과보가 달라지기 때문입니다.

이 인과의 이치를 '아는 사람'은
자신이 지금 쓰고 있는 '마음'에 집중합니다.
지금 여기서 마음을 쓰는 데 내 운명이 좌우됨을 알기 때문입니다.
그래서 늘 마음을 챙겨야 하고, 늘 주의하고, 늘 유념해야 합니다.
그래서 원불교의 공부는 '일상 수행', '삼학 병진', '무시선無時禪'인 것입니다.

그러므로 어리석은 사람들은 이치 아닌 자리에
부귀와 영화를 억지로 구하며
빈천과 고난을 억지로 면하려 하나,

'짓지 아니하고 받는 일은 하나도 없는 줄'을 알지 못하는 사람들은
자신이 짓지 않은 '부귀와 영화를 억지로 구하'려 하고,
자신이 지은 까닭에 받게 된 '빈천과 고난을 억지로 면하려' 한다는 말씀입니다.
하지만 '억지로' 구한다고 해서 구해지지 않는 것이 '인과의 이치'입니다.

지혜 있는 사람은 이미 지어 놓은 죄복은 다 편안히 받으면서
미래의 복락을 위하여 꾸준히 노력을 계속하는 것이며,

인과의 이치를 확실히 깨달았거나, 확실히 믿는다면
죄과를 받을 때도 '편안히' 받아들이고
복을 받을 때도 '편안히' 받아들일 수 있어야 합니다.

내가 지어서 내가 받는다는 것을 알기 때문입니다.

과거에 지은 것을 현재에 감수하면서
'미래의 복락'을 위해 지속적으로 노력해야 합니다.
인과의 이치를 깨달아 삶에 활용하는 목적이 여기에 있다고 할 수 있습니다.

같은 복을 짓는 중에도 국한 없는 공덕을 공중에 심어서
어느 때 어느 곳에서나 복록의 원천이 마르지 않게 하나니라.]

그리고 복을 지을 때도 이왕이면 '공중'을 위해서 '국한 없는 공덕'을 지어서
국한 없는 복록을 받으라고 당부하십니다.
'국한 없는 공덕'이 '복록의 원천'이라고 말씀하십니다.
'국한 없는 공덕'은 '국한 없는 복록'을 가져올 것이고
'국한 있는 공덕'은 '국한만큼의 복록'을 가져올 것입니다.
왜 대종사님께서 '무아봉공無我奉公'을 강조하시는지를 알 수 있는 대목입니다.
참으로 국한이 없으려면 '무아'가 되어야 하기 때문입니다.

나의 마음공부

• 나도 모르게 받는 도움인 음조陰助를 경험했나요?

• 나도 모르게 받는 해로움인 음해陰害를 경험했나요?

• 나는 억지로 부귀영화를 구하고 있지는 않나요?

- 나는 모든 과보를 감수甘受(달게 받아들임)할 수 있나요?

- 과거가 어떻든, 현재가 어떻든 미래를 위해 꾸준히 선업을 짓고 있나요?

- '공중公衆'을 위해서 '국한 없는' 복을 짓고 있나요?

16

대종사 말씀하시기를
[모든 사람에게
천만 가지 경전을 다 가르쳐 주고
천만 가지 선善을 다 장려하는 것이 급한 일이 아니라,
먼저 생멸 없는 진리와 인과보응의 진리를 믿고 깨닫게 하여 주는 것이
가장 급한 일이 되나니라.]

『대종경』「인과품」16장

가장 급한 일 | 풀이 |

대종사 말씀하시기를
[모든 사람에게 천만 가지 경전을 다 가르쳐 주고
천만 가지 선善을 다 장려하는 것이 급한 일이 아니라,
먼저 생멸 없는 진리와 인과보응의 진리를 믿고 깨닫게 하여 주는 것이
가장 급한 일이 되나니라.]

소태산 대종사님은 왜 이 진리를 믿고 깨닫게 하는 것이
가장 급한 일이라고 하셨을까요?
경전을 배우는 이유는 결국 진리를 깨닫기 위함이고
천만 가지 선善도 결국은 진리에서 비롯되기 때문입니다.

진리를 깨닫지 못한 채 경전을 배우고 선善을 장려하는 것만을 능사로 삼는다면
본말이 전도되고 맙니다.

'생멸 없는 진리와 인과 보응의 진리를 믿고 깨닫게' 된다면
진리에 맞는 삶을 살 것이고 자연히 선행을 하게 될 것이기 때문입니다.
물론, 진리에 대한 깨달음만을 우선해서
경전 공부를 소홀히 하거나 선행을 권장하지 말라는 것은 아닙니다.
대종사님께서는 선후본말, 우선순위를 말씀하신 것입니다.

인과의 진리를 깨달은 사람에게는
굳이 경전을 배우라고 채근할 필요도 없고
선행을 장려하고 악행을 금하라고 잔소리를 할 필요가 없습니다.
스스로 알아서 지혜롭게 선업을 지으며 살기 때문입니다.

나의 마음공부

• 원불교 경전의 핵심 내용은 무엇인가요?

• 생활 속에서 천만 경계에 응할 때마다 '인과의 이치'에 따라 응하고 있나요?

• 내 삶에서 '가장 급한 일'은 무엇인가요?

• 나는 스스로 알아서, 자발적으로 꾸준히 선행을 하고 있나요?

• 다른 사람에게 신앙과 수행을 가르쳐줄 때, 나는 무엇부터 가르치나요?

대종사 말씀하시기를
[어리석은 사람은 남이 복 받는 것을 보면 욕심을 내고 부러워하나,
제가 복 지을 때를 당하여서는 짓기를 게을리하고 잠을 자나니,
이는 짓지 아니한 농사에 수확하기를 바라는 것과 같나니라.
농부가 봄에 씨 뿌리지 아니하면 가을에 거둘 것이 없나니
이것이 인과의 원칙이라, 어찌 농사에만 한한 일이리요.]

『대종경』「인과품」 17장

농부가 봄에 씨뿌리지 아니하면 　| 풀이 |

대종사 말씀하시기를
[어리석은 사람은 남이 복 받는 것을 보면 욕심을 내고 부러워하나,
제가 복 지을 때를 당하여서는 짓기를 게을리하고 잠을 자나니,

남이 복 받을 때 욕심을 내고 부러워하는 사람은 어리석은 사람입니다.
지혜로운 사람은 지은 대로 받는 것을 알기에 축복해주고 닮아가려 합니다.
복을 지을 때 복 짓기를 게을리하는 사람은 어리석은 사람입니다.
지혜로운 사람은 복 지을 기회를 놓치지 않고 꾸준히 선업을 행합니다.

이는 짓지 아니한 농사에 수확하기를 바라는 것과 같나니라.
농부가 봄에 씨 뿌리지 아니하면 가을에 거둘 것이 없나니
이것이 인과의 원칙이라, 어찌 농사에만 한한 일이리요.]

모든 부처님들과 성현님들께서 같은 말씀을 하셨지요.
이 우주에 존재하는 하나의 진리가 바로 인과의 진리이기 때문입니다.
별다른 의심 없이 봄에 씨를 뿌리는 것은
가을에 수확할 것을 의심치 않기 때문입니다.
우리는 이미 이렇게 인과의 이치에 바탕해서 살고 있죠.
복된 미래를 위한 인생길을 인과의 이치가 알려 줍니다.
인과의 이치대로 실행해서 더 복된 미래를 준비해야겠습니다.

나의 마음공부

• 다른 사람이 복을 받을 때 내 마음은 어떤가요?

• 복을 언제 어떻게 지어야 할까요?

- 혹시 나는 씨를 뿌리고 김매는 수고를 하지 않고 수확을 바라는 사람이 아닌가요?

- 나는 복을 받을 만한 사람인가요?

18

대종사 말씀하시기를
[사람이 제가 지어 놓은 것이 없으면
내생에 아무리 잘 되기를 원하여도 그대로 되지 아니하는 것이
비하건대 현생에서도 아무리 좋은 집에 들어가 살고 싶으나
자기의 집이 아니면 들어가 살 수 없는 경우와 같나니라.
공칠公七이를 보라!
이리裡里역에 내리면 몇 층 양옥이 즐비하되
그 집에는 감히 들어가 볼 생심도 못 하고,
그 찌그러진 자기 집에만 찾아들지 아니하는가.
이것이 곧 자기가 지어 놓은 대로 가는 실례이며
지어 놓은 그대로 받는 표본이니라.]

『대종경』「인과품」18장

• **공칠이 公七** : 생몰연대 미상. 교단 초창기 총부 부근에 살았던 가난한 사람이다.
• **생심 生心** : 어떤 일을 하려고 마음을 먹음. 또는 그 마음. 생의生意

내생에 아무리 잘 되기를 원하여도 | 풀이 |

대종사 말씀하시기를
[사람이 제가 지어 놓은 것이 없으면
내생에 아무리 잘 되기를 원하여도 그대로 되지 아니하는 것이
비하건대 현생에서도 아무리 좋은 집에 들어가 살고 싶으나
자기의 집이 아니면 들어가 살 수 없는 경우와 같나니라.

소태산 대종사님은 지은 대로 받게 되는 인과의 이치가
현생만이 아니라 내생에서도 그대로 적용됨을 '집'의 비유로 알려주십니다.

공칠^{孔七}이를 보라!
이리^{裡里}역에 내리면 몇 층 양옥이 즐비하되
그 집에는 감히 들어가 볼 생심도 못 하고,
그 찌그러진 자기 집에만 찾아들지 아니하는가.
이것이 곧 자기가 지어 놓은 대로 가는 실례이며
지어 놓은 그대로 받는 표본이니라.]

대종사님은 공칠이라는 가난한 인연을 예로 듭니다.
냉엄한 자업자득, 인과의 이치를 실례들 들어 우리에게 일깨워주십니다.
'지어 놓은 그대로 받는 표본'이라고 말씀하십니다.

누구든지 '잘되기를 원'한다면 그에 맞는 심신작용을 해야합니다.
원한다고 되는 게 아닙니다.
지은 업^業대로 받는 것입니다.

'잘 되기를 원'하기 전에 그렇게 '지어 놓은 것'이 있어야 합니다.
자업자득, 자작자수의 인과의 이치에 투철하다면 세상에 원망할 일은 없습니다.
자신의 과거를 참회할 뿐이고 새로운 미래를 위해 새로운 삶을 살 뿐입니다.

법문의 '공칠이'가 비록 지금은 '찌그러진 자기 집'에 들어갈 수밖에 없지만
미래의 '공칠이'가 어떻게 될지는 알 수 없습니다.
새 마음으로 성실하게 노력한다면 '찌그러진' 집을 벗어날 수 있을 것입니다.
공칠이의 심신작용에 그의 미래가 달렸습니다.
공칠이의 현재는 그의 과거를 나타낼 뿐, 그의 미래는 그의 현재에 달렸습니다.
무엇보다 그의 한 마음에 달렸습니다.

나의 마음공부

- 내가 현생에 받고 있는 과보를 보아서 과거에 내가 지은 업을 생각해봅니다.

- 나는 혹시 과거에 짓지 않은 과보를 받고 있다고 생각하나요?

- 내가 '짓고 있는 것'과 '받고 있는 과보'가 차이 나는 이유는 무엇인가요?

- 나는 내가 '원하는 것'을 얻기 위해서 거기에 합당한 심신작용을 하고 있나요?

대종사 말씀하시기를
[복이 클수록 지닐 사람이 지녀야 오래 가나니,
만일 지니지 못할 사람이 가지고 보면
그것을 엎질러 버리든지 또는 그로 인하여 재앙을 불러들이게 되나니라.

그러므로, 지혜 있는 사람은
복을 지을 줄도 알고, 지킬 줄도 알며, 쓸 줄도 알아서,
아무리 큰 복이라도 그 복을 영원히 지니나니라.]

『대종경』「인과품」19장

복이 클수록 지닐 사람이 지녀야 | 풀이 |

대종사 말씀하시기를
[복이 클수록 지닐 사람이 지녀야 오래 가나니,
만일 지니지 못할 사람이 가지고 보면
그것을 엎질러 버리든지 또는 그로 인하여 재앙을 불러들이게 되나니라.

대개 사람들은 복 받는 것을 좋아합니다.
이왕이면 큰 복 받기를 원하죠.
하지만 복을 받고 지닐 수 있는 능력은 사람마다 다릅니다.
복을 받아 지닐만한 능력이나 그릇이 안 되는 사람은 복을 '엎질러 버리'거나
복으로 인해 오히려 '재앙을 불러들이게' 된다고 경계하십니다.

예컨대, 인격이나 능력을 제대로 갖추지 못한 사람이
높은 지위나 큰 권력, 재력을 갖게 되는 경우에 그 결과가 좋지 못합니다.
지위, 권력, 재력 등을 선용해서 선업을 짓지 않고
이것들을 오용하고 남용해서 악업을 짓는 경우가 아주 흔합니다.
큰 복으로 인해 큰 재앙을 불러들이게 되는 것입니다.

그러므로, 지혜 있는 사람은
복을 지을 줄도 알고, 지킬 줄도 알며, 쓸 줄도 알아서,
아무리 큰 복이라도 그 복을 영원히 지니나니라.]

지혜 있는 사람은
늘 노력해서 복을 짓고,
자신에게 찾아오는 복을 탕진하지 않고 적절히 유지합니다.

또한 복을 제대로 선용해서 더 큰 선업을 지을 줄도 압니다.
요컨대, 복을 '짓고·지키고·쓸 줄' 알아야 합니다.
이렇게 사는 사람이 '지혜 있는 사람'인 것이죠.
이들은 재앙을 막아내고 큰 복을 누릴 자격이 있는 사람입니다.
이들의 복은 원천이 풍부해서 영원히 마르지 않을 것입니다.

인과의 이치에 밝은 지혜로운 사람이라야 영원한 복을 누릴 수 있습니다.
복을 구하려면 지혜를 구해야 하니, 복과 혜를 쌍전해야 합니다.
신앙과 수행을 병진해야 할 이유입니다.

나의 마음공부

- 나는 어느 정도의 복을 누리고 지닐 수 있는 사람인지 자평해봅니다.

- 큰 복을 엎질러 버리거나 그로 인해 재앙을 불러들이는 사람을 보았나요?

- 복을 어떻게 지켜야 할까요?

- 복을 어떻게 써야 할까요?

- 어떻게 해야 복을 영원히 지닐 수 있을까요?

대종사 말씀하시기를
[어리석은 사람들은
명예가 좋은 줄만 알고 헛된 명예라도 드러내려고만 힘을 쓰나니,
그는 헛 명예가 마침내 자신을 해롭게 하는 화근인 줄을 모르는 연고라,
세상 이치가 실상된 명예는 아무리 숨기려 하여도 자연히 드러나는 것이요,
헛된 명예는 아무리 드러내려고 힘을 쓰나 마침내 떨어지는 것이 사실이니,
그러므로 실상이 없이 말로 얻은 명예는 필경 말로 헒을 당하고,
권모술수로 얻은 명예는 권모술수로 헒을 당할 뿐 아니라,
원래 있던 명예까지도 타락하게 될 것이며,
따라서 심하게 되면 생명 재산까지 빼앗기게 되나니
어찌 미리 주의할 바가 아니리요.]

『대종경』「인과품」20장

• **실상**實相 : 실제 모양이나 상태. 사물의 실상. 모든 것의 있는 그대로의 참모습.

헛된 명예 | 풀이 |

대종사 말씀하시기를
[어리석은 사람들은
명예가 좋은 줄만 알고 헛된 명예라도 드러내려고만 힘을 쓰나니,
그는 헛 명예가 마침내 자신을 해롭게 하는 화근인 줄을 모르는 연고라,
세상 이치가 실상된 명예는 아무리 숨기려 하여도 자연히 드러나는 것이요,
헛된 명예는 아무리 드러내려고 힘을 쓰나 마침내 떨어지는 것이 사실이니,

헛된 명예라도 드러내려고 하는 사람이 있습니다.
어리석은 사람입니다.
인과의 이치를 모르니 어리석습니다.
헛된 명예를 구하는 과보가 어떨 것인지를 모르니 안타깝습니다.

헛된 명예를 구하는 과보는 어떻게 다가오는 것일까요?
헛된 명예를 구하는 헛된 마음은 헛된 심신작용, 행위를 불러오겠지요.
이 심신작용은 그를 둘러싼 천만 경계, 사은과의 관계를 맺을 것입니다.
주변 사람들이나 일들이 그 헛된 행위에 대해 보응을 할 것입니다.
원인에 따른 보응이 이어질 것이고, 원인이 헛되니 결과도 헛될 것입니다.
알맹이 없는 씨앗을 뿌린 결과를 예측하는 것은 어렵지 않습니다.
그 결과는 호리도 틀림이 없습니다.

대종사님은 「인도품」에서 '도道'를 설명하시면서
'길', '떳떳이 행하는 것', '당연한 길'이라고 하신 바 있습니다.
헛된 명예를 구할 때 이미 '떳떳함'을 잃고 있는 것이고,
사람으로서 마땅히 가야 할 '당연한 길'도 벗어난 것입니다.

그릇된 길을 가면 그릇된 목적지에 도착할 수밖에 없습니다.
소소영영하게 보응하는 인과의 이치에는 어떤 예외도 없습니다.

실다운 명예를 드러내는 것도 인과의 이치이고
헛된 명예를 마침내 실추시켜버리는 것도 인과의 이치입니다.
'인因'과 '과果' 사이의 시공간과 여건이라는 '연緣'에 따라 차이는 있겠지만,
인과의 이치는 우주 만유 허공 법계를 통해 늘 작동하고 있습니다.

그러므로 실상이 없이 말로 얻은 명예는 필경 말로 훼을 당하고,
권모술수로 얻은 명예는 권모술수로 훼을 당할 뿐 아니라,
원래 있던 명예까지도 타락하게 될 것이며,
따라서 심하게 되면 생명 재산까지 빼앗기게 되나니
어찌 미리 주의할 바가 아니리요.]

욕심은 마음의 눈을 흐리게 하고 자성의 광명을 덮어버립니다.
헛된 것과 실다운 것을 분별하지 못하게 합니다.
자신의 심신작용이 어떤 결과를 가져올지를 바로 보지 못하게 합니다.
어리석은 이들은 죄업의 쓰디쓴 결말을 직면하기 전까지 자기 잘못을 모릅니다.
나중에 후회하고 반성해도 이미 때는 늦고 인생은 망가집니다.

인과의 이치를 배우고 깨달아 실행하려고 하는 이유는
이런 과오를 미연에 방지하기 위함입니다.
돌이킬 수 없는 후회를 하기 전에 바른길을 가기 위함입니다.

자업자득自業自得이라 누구를 원망할 수도 없습니다.
자신의 잘못을 누군가의 탓으로 돌릴 수도 없습니다.
잘못과 죄를 저지르지 않아야 하지만 이미 행했다면
빨리 잘못을 깨달아 반성하고 참회해야 합니다.

그래야 죄업을 조금이라도 가볍게 할 수 있습니다.

어떤 행동을 하기 전에 반드시 인과의 이치를 깊이 생각해야 합니다.
그래서 인과의 이치에 합당한 길로 가야 합니다.
그런다면 인과의 이치가 가장 큰 자비와 은혜임을 알게 될 것입니다.
죄짓는 것을 막아주고 행복의 길로 인도해주기 때문입니다.
심신작용을 할 때마다 '죄복의 분기점'이라고 생각하고
온전한 마음으로 인과의 이치를 깊이 생각하고 나서 작업취사를 해야겠습니다.

나의 마음공부

• 내 주변에 '헛된 명예'를 구하는 사람들이 있나요?

• 그 사람들의 과보가 어떻든가요?

- '헛된 명예'가 화근이 되는 이유는 무엇일까요?

- 나는 어떤 '실상된 명예'를 구하고 있나요?

21

한 걸인이 김 기천에게 복을 지으라 하매,
기천이 묻기를
[내가 복을 지으면 그대가 나에게 복을 줄 능력이 있느냐.] 하니,
그 걸인이 대답하지 못하는지라,
기천이 말하기를
[어리석은 사람들은 흔히 제 개인이 살기 위하여 남에게 복을 지으라 하니,
그것이 도리어 죄를 짓는 말이 되리로다.] 하였더니

대종사 들으시고, 말씀하시기를
[기천의 말이 법설이로다.
세상 사람들이 복을 받기는 좋아하나 복을 짓는 사람은 드물고
죄를 받기는 싫어하나 죄를 짓는 사람은 많으니,
그러므로 이 세상에 고 받는 사람은 많고 낙 받는 사람은 적나니라.]

『대종경』「인과품」 21장

복을 짓는 사람은 드물고 | 풀이 |

한 걸인이 김 기천에게 복을 지으라 하매,
기천이 묻기를
[내가 복을 지으면 그대가 나에게 복을 줄 능력이 있느냐.] 하니,
그 걸인이 대답하지 못하는지라,

인과의 이치에 의하면
짓지 않은 복은 받을 수 없고, 짓지 않은 죄로 화(禍)를 입지도 않습니다.
평소 소태산 대종사님으로부터 이런 철저한 인과의 가르침을 받았을 제자가
걸인의 동냥에 응하지 않고 죄복의 인과에 대한 깨우침을 주는 장면입니다.

걸인이 제자에게 '복을 지으라'고 동냥을 하자
제자는 걸인에게 '나에게 복을 줄 능력이 있느냐'고 반문합니다.
걸인은 제자의 물음에 답하지 못합니다.
인과의 이치에 입각한 정곡을 찌르는 질문에 대답이 궁색해진 모양새입니다.
'복을 짓고 받는다'는 것을 어렴풋하게 알아서는 답하기 곤란한 질문입니다.

기천이 말하기를
[어리석은 사람들은 흔히 제 개인이 살기 위하여 남에게 복을 지으라 하니,
그것이 도리어 죄를 짓는 말이 되리로다.] 하였더니

걸인도 사정이 있어서 구걸을 하고 동냥을 구하겠지만
그 행위가 가져올 결과를 진리적으로 알고 있는지는 매우 회의적입니다.
눈앞의 필요 때문에 구걸하기가 쉽고
타인의 선행을 '복을 지으라'는 말로 촉진해서 동냥을 구하는 경우가 많습니다.

제자의 관점에선 걸인의 그런 행동이 '죄를 짓는' 것이 될 수 있다고 본 것입니다.
인과의 이치에 의하면 '복'이 아니라 '빚'이라고 본 것입니다.
추측하건대 걸인이 건강한 상태라면 구걸 행위가 본인의 능력을 사장시켜서
'자력양성自力養成'을 방해한다고 판단했을 수도 있습니다.

대종사 들으시고, 말씀하시기를
[기천의 말이 법설이로다.
세상 사람들이 복을 받기는 좋아하나 복을 짓는 사람은 드물고
죄를 받기는 싫어하나 죄를 짓는 사람은 많으니,
그러므로 이 세상에 고 받는 사람은 많고 낙 받는 사람은 적나니라.]

제자 김기천의 대응에 대해 대종사님께서 긍정의 말씀을 하십니다.
인과의 이치에 어긋나는 행태를 보이는 사람들에 대한 안타까움을 토로하십니다.
복을 짓지는 않으면서 복 받기를 바라고,
죄를 받지는 않으려고 하면서 죄를 짓고 있으니,
그 삶이 어찌 고통스럽지 않겠냐고 말씀하십니다.
고와 락에도 인과의 이치는 반드시 적용되는 것이니
고와 락의 원인을 깊이 생각해서 심신작용을 해야겠습니다.

이 짧은 대화 속에서도 걸인, 제자 김기천, 대종사의 심신작용은 제각각입니다.
그 과보 또한 제각각일 것입니다.

나의 마음공부

• 내가 제자 '김기천'이라면 걸인에게 어떻게 응했을까요?

• 나는 괜스레 누군가의 도움을 바라면서 살고 있지는 않나요?

• 혹시 내가 누리는 의·식·주의 혜택이 어떤 의미에서 '죄'가 되는 것은 아닐까요?

• 나는 누군가에게 '복을 줄 능력'이 얼마나 있나요?

• 내 삶의 '고'와 '락'을 인과의 관점에서 깊이 생각해보고, 분석해봅니다.

대종사 말씀하시기를
[사람이 모든 악행을 방자히 하여
스스로 제재하지 못하면 반드시 사람이 제재할 것이요,
사람이 제재하지 못하면 반드시 진리가 제재하나니,

그러므로 지각 있는 사람은
다른 사람이 막기 전에 제 스스로 악을 행하지 아니하며
진리가 막기 전에 사람의 충고를 감수하므로,
그 악이 드러날 것을 겁내어 떨 일이 없으며 항상 그 마음이 편안하나니라.]

『대종경』「인과품」22장

- **방자 放恣하다** : 어려워하거나 조심스러워하는 태도가 없이 무례하고 건방지다. 제멋대로 거리낌 없이 노는 태도가 있다.
- **제재 制裁** : 일정한 규칙이나 관습의 위반에 대하여 제한하거나 금지함. 또는 그런 조치. 법이나 규정을 어겼을 때 국가가 처벌이나 금지 따위를 행함. 또는 그런 일.
- **지각 知覺** : 알아서 깨달음. 또는 그 능력.

스스로 제재하지 못하면 | 풀이 |

대종사 말씀하시기를
[사람이 모든 악행을 방자히 하여

'어려워함이나 조심스러움이 없는 태도'가 방자放恣함이니
악행을 하면서도 두려움도 거리낌도 없는 태도를 의미합니다.
어떤 사람이 악행을 방자히 하는 이유는 무엇일까요?
자신의 악행에 따르는 진리의 보응을 전혀 알지 못하기 때문입니다.
선인선과善因善果 악인악과惡因惡果의 인과의 이치를 알고 있다면
악행을 범하면서도 두려워하고 거리낌이 있을 것입니다.

스스로 제재하지 못하면 반드시 사람이 제재할 것이요,
사람이 제재하지 못하면 반드시 진리가 제재하나니,

악행에 따르는 결과를 말씀하십니다.
인과의 이치, 진리가 작동하는 순서라고 할 수 있을 것입니다.
스스로 제재하고, 사람이 제재하는 것도 진리의 작용이라고 하겠으나
그래도 안 될 때는 결국 보이지 않는 진리가 제재한다는 말씀입니다.
'우주 만물 허공 법계'가 제재한다고 해도 같은 말입니다.

그러므로 지각 있는 사람은
다른 사람이 막기 전에 제 스스로 악을 행하지 아니하며
진리가 막기 전에 사람의 충고를 감수하므로,
그 악이 드러날 것을 겁내어 떨 일이 없으며 항상 그 마음이 편안하나니라.]

여기서 '지각 있는 사람'이란 '인과의 이치'를 아는 사람일 것입니다.
그런 사람은 어떤 행동을 하기 전에 인과의 이치로 그 결과를 미리 예측하니,
악을 행하기 전에 이미 진리에 대한 두려움과 어려움을 느끼게 되어,
스스로 자신을 제재하고, 다른 사람들의 충고도 감수하게 될 것입니다.

악을 행하지 않으니 그 과보를 겁낼 필요도 없고
진리에 맞게 순리대로 살아가니 마음도 늘 편안합니다.
인과의 이치는 앞날에 대한 불안을 없애줍니다.

나의 마음공부

- 혹시 악한 행동을 했을 때 마음이 어떻든가요?

- 어떤 경우에 스스로 제재하곤 하나요?

- 나는 주위 사람들의 충고를 잘 받아들이는 편인가요?

- 진리의 제재를 느껴본 적이 있나요?

- 나는 미래의 삶에 대해 불안감이 있나요?

- 혹시 있다면 그 불안감은 어디서 비롯되는 것일까요?

대종사 말씀하시기를
[작은 재주로 작은 권리를 남용하는 자들이여!
대중을 어리석다고 속이고 해하지 말라.
대중의 마음을 모으면 하늘 마음이 되며,
대중의 눈을 모으면 하늘 눈이 되며,
대중의 귀를 모으면 하늘 귀가 되며,
대중의 입을 모으면 하늘 입이 되나니,
대중을 어찌 어리석다고 속이고 해하리요.]

『대종경』「인과품」23장

• **남용 濫用** : 함부로 씀. 난용亂用.

작은 권리를 남용하는 자들이여 | 풀이 |

대종사 말씀하시기를
[작은 재주로 작은 권리를 남용하는 자들이여!
대중을 어리석다고 속이고 해하지 말라.

작은 재주로 작은 권리를 남용하는 자들은 누구일까요?
흔히 말하는 '권력 남용'의 죄를 범하는 자들일 것입니다.
권력을 남용하는 이유는 부당한 이익을 취하려 하기 때문이겠죠.
탐욕스러운 자들이 권력을 쥐려고 하는 이유도 여기에 있습니다.
이들의 재주를 대종사님께서는 '작은 재주'라고 칭하십니다.
그 재주로 인한 이로움이 그들에게만 귀속되기 때문일 것입니다.
이기적 목적을 숨겨 마음이 혼탁한 사람들의 '재주'인 것입니다.

'권리 남용'의 결과는 대중의 권리 훼손으로 직결되는데
이들은 대중을 속일 수 있다고 여기고 잔꾀를 부리는 것입니다.
잔꾀는 있지만 '인과의 이치'에 대한 '큰 지혜'가 결여된 것입니다.
'작은 재주'로 인과의 이치를 피해 갈 수 있다고 착각하는 자들이
바로 '작은 권리를 남용하는 자들'입니다.
인과의 이치는 '권리를 남용'하는 자들을 결코 지켜 주지 않습니다.

대중의 마음을 모으면 하늘 마음이 되며,
대중의 눈을 모으면 하늘 눈이 되며,
대중의 귀를 모으면 하늘 귀가 되며,
대중의 입을 모으면 하늘 입이 되나니,
대중을 어찌 어리석다고 속이고 해하리요.]

'인과보응의 이치'는 생멸生滅이 없고 무소부채無所不在한 진리의 다른 이름입니다.
이 법문의 '하늘'이란 물리적 하늘이 아니라 이 우주에 가득한 '진리'입니다.
진리는 없는 곳이 없으니
대중들의 마음에도, 눈에도, 귀에도, 입에도 있습니다.
대중들을 '어리석다'고 하는 자가 크게 '어리석은' 것이고
대중들을 '속이고 해'해도 괜찮다고 여기는 자들이 진짜 '어리석은' 자들입니다.
진리의 위력으로 이들은 '해害'를 입고야 맙니다.
불생불멸의 진리는 인과의 이치로 자신을 드러내기 때문입니다.
인과의 이치는 누구도 예외 없이 지은 대로 반드시 되갚아줍니다.

나의 마음공부

- 어떤 사람들이 '작은 재주로 작은 권리를 남용하는 자들'인가요?

- '대중을 어리석다고 속이고 해' 하면 어떤 과보를 받게 될까요?

- '대중의 마음을 모으면' 정말로 '하늘 마음'이 될까요?

- 나는 '대중을 어리석다고' 생각하지 않나요?

- '하늘 마음'은 내 마음 어디에 있나요?

총부 부근의 사나운 개가 제 동류에게 물리어 죽게 된지라,
대종사 보시고 말씀하시기를
[저 개가 젊었을 때에는 성질이 사나와서
근동 개들 가운데 왕 노릇을 하며 온갖 사나운 짓을 제 마음대로 하더니,
벌써 그 과보로 저렇게 참혹하게 죽게 되니
저것이 불의한 권리를 남용하는 사람들에게 경계를 주는 일이라,
어찌 개의 일이라 하여 범연히 보아 넘기리요.] 하시고,

또 말씀하시기를
[사람도 그 마음 쓰는 것을 보면
진급기에 있는 사람과 강급기에 있는 사람을 알 수 있나니,
진급기에 있는 사람은 그 심성이 온유 선량하여
여러 사람에게 해를 끼치지 아니하고 대하는 사람마다 잘 화하며,
늘 하심下心을 주장하여 남을 높이고 배우기를 좋아하며,
특히 진리를 믿고 수행에 노력하며,
남 잘되는 것을 좋아하며,
무슨 방면으로든지 약한 이를 북돋아 주는 것이요,

강급기에 있는 사람은 그와 반대로 그 심성이 사나와서
여러 사람에게 이를 주지 못하고 대하는 사람마다 잘 충돌하며,
자만심이 강하여 남 멸시하기를 좋아하고 배우기를 싫어하며,
특히 인과의 진리를 믿지 아니하고 수행이 없으며,
남 잘되는 것을 못 보아서
무슨 방면으로든지 자기보다 나은 이를 깎아내리려 하나니라.]

『대종경』「인과품」 24장

- **경계 警戒하다** : 뜻밖의 사고가 생기지 않도록 조심하여 단속하다. 옳지 않은 일이나 잘못된 일들을 하지 않도록 타일러서 주의하게 하다.
- **하심 下心** : 불교에서, 자기를 낮추고 남을 높이는 마음.

그 마음 쓰는 것을 보면 | 풀이 |

총부 부근의 사나운 개가 제 동류에게 물리어 죽게 된지라,
대종사 보시고 말씀하시기를
[저 개가 젊었을 때에는 성질이 사나와서
근동 개들 가운데 왕 노릇을 하며 온갖 사나운 짓을 제 마음대로 하더니,
벌써 그 과보로 저렇게 참혹하게 죽게 되니
저것이 불의한 권리를 남용하는 사람들에게 경계를 주는 일이라,
어찌 개의 일이라 하여 범연히 보아 넘기리요.] 하시고,

성질 사나운 개가 사나운 짓을 하다가 힘이 빠지자
다른 개에게 물려 죽는 것을 보신 소태산 대종사님의 가르침입니다.
「인과품」 23장에 이어서 '권리를 남용하는 사람'에 대한 깨우침을 주십니다.
'개의 일'로 한정시켜 보지 말고 인과의 이치를 배우는 기회로 삼으라고 하십니다.

또 말씀하시기를
[사람도 그 마음 쓰는 것을 보면
진급기에 있는 사람과 강급기에 있는 사람을 알 수 있나니,

'개'의 이야기가 '사람'의 이야기로 넘어갑니다.
개의 과보 이야기가 사람의 과보 이야기로 넘어갑니다.
사나운 개처럼 나쁜 과보를 받지 않으려면 어떻게 해야 할지에 대한 가르침입니다.
개가 행하는 것을 보면 그 개가 미래에 받을 과보를 알 수 있듯이
'사람도 그 마음 쓰는 것을 보면' 그 사람이 진급을 할지 강급을 할지 알 수 있고
따라서 그 사람이 받을 과보도 알 수 있다는 뜻이 담긴 말씀입니다.

진급기에 있는 사람은 그 심성이 온유 선량하여
여러 사람에게 해를 끼치지 아니하고 대하는 사람마다 잘 화하며,
늘 하심下心을 주장하여 남을 높이고 배우기를 좋아하며,
특히 진리를 믿고 수행에 노력하며,
남 잘되는 것을 좋아하며,
무슨 방면으로든지 약한 이를 북돋아 주는 것이요,

여기서 진급기進級期란 쉽게 말하자면 마음공부를 잘해서
부처의 인격, 선도에 가깝게 다가가는 시기를 의미한다고 할 수 있습니다.

진급기에 있는 사람들은
마음이 온유 선량해서 행동도 그렇게 합니다.
과보도 당연히 그에 따를 것입니다.
인과의 이치란 '짓는 대로 받는 것'입니다.

'여러 사람에게 해를 끼치지 아니하고 대하는 사람마다 잘 화하'니,
자신도 해를 입지 아니하고 대하는 사람마다 사이좋게 지낼 것입니다.
'늘 하심下心을 주장하여 남을 높이고 배우기를 좋아하'니,
자신도 자연히 사람들로부터 높임을 받게 되고 배움의 지혜가 밝아질 것입니다.
'특히 진리를 믿고 수행에 노력하'니,
신앙과 수행의 공덕을 누리게 될 것입니다.
'남 잘되는 것을 좋아하'니,
자신도 잘될 것입니다.
'무슨 방면으로든지 약한 이를 북돋아 주'니,
자신도 약한 처지에 있을 때 도움을 받을 것입니다.

'진급'의 마음을 쓰니 '진급'의 삶을 살 수 있습니다.
많은 복락을 누리고 행복한 삶을 살 것입니다.

강급기에 있는 사람은 그와 반대로 그 심성이 사나와서
여러 사람에게 이를 주지 못하고 대하는 사람마다 잘 충돌하며,
자만심이 강하여 남 멸시하기를 좋아하고 배우기를 싫어하며,
특히 인과의 진리를 믿지 아니하고 수행이 없으며,
남 잘되는 것을 못 보아서
무슨 방면으로든지 자기보다 나은 이를 깎아내리려 하나니라.]

여기서 강급기降級期란 쉽게 말하자면 마음공부를 잘 하지 않아서
부처의 인격, 선도로부터 멀어지는 시기를 의미한다고 할 수 있습니다.

강급기에 있는 사람들은
마음이 사나워서 행동도 그렇게 합니다.
과보도 당연히 그에 따를 것입니다.
인과의 이치란 '짓는 대로 받는 것'입니다.

'여러 사람에게 이를 주지 못하고 대하는 사람마다 잘 충돌하'니,
사람들로부터 이로움을 받지 못하고 계속해서 사람들과 충돌할 것입니다.
'자만심이 강하여 남 멸시하기를 좋아하고 배우기를 싫어하'니,
남에게 멸시를 당하게 되고 배우지 않아 지혜가 어두워질 것입니다.
'특히 인과의 진리를 믿지 아니하고 수행이 없으'니,
진리에 대한 신앙과 수행의 공덕을 얻지 못할 것입니다.
'남 잘되는 것을 못 보'니,
나도 잘되지 않을 것입니다.
'무슨 방면으로든지 자기보다 나은 이를 깎아내리려 하'니,
사람들도 어떻게 해서든지 나를 깎아내리려 할 것입니다.
'강급'의 마음을 쓰니 '강급'의 삶을 살 수밖에 없습니다.
많은 고통이 따르고 불행한 삶이 될 것입니다.

어떤 사람의 '마음 쓰는 것'을 보면
그 사람의 미래를 알 수 있습니다.
현재의 마음 씀씀이가 원인이면 미래는 과보의 결과입니다.
마음이 온유 선량한 사람은 행동도 그렇게 할 것이고
진리, 법신불 사은은 인과의 이치에 따라 그 행동에 그대로 보응할 것입니다.
마음이 사나운 사람은 행동도 그렇게 할 것이고
진리, 법신불 사은은 인과의 이치에 따라 그 행동에 그대로 보응할 것입니다.

인과보응의 이치는 호리도 틀림이 없습니다.
'마음 한 번 가지고 몸 한 번 행동하고 말 한 번 한 것이라도
그 업인業因이 허공 법계에 심어져서,
제각기 선악의 연緣을 따라 지은 대로 과보가 나타나나니,
어찌 사람을 속이고 하늘을 속이리요.'라는 「인과품」 3장의 말씀 그대로입니다.

'마음 쓰는 것'에 우리의 미래가 달렸습니다.

나의 마음공부

- 나는 나의 심신작용 하나하나를 진급과 강급의 원인으로 분석할 수 있나요?

- 나는 마음을 어떻게 쓰려고 노력하나요?

- 다른 사람의 '마음 쓰는 것'이 잘 보이나요?

- 내 삶에서 진급기와 강급기는 언제인가요?

- 내 삶을 진급기로 만들기 위해서 어떤 노력을 해야 할까요?

대종사 말씀하시기를
[나쁜 일을 자행하여 여러 사람의 입에 나쁘게 자주 오르내리면
그 사람의 앞길은 암담하게 되나니,
어떤 사람이 군郡 도사령이 되어 가지고 혹독히 권리를 남용하여,
여러 사람의 생명과 재산을 많이 빼앗으므로
사람들이 동리에 모여 앉으면 입을 모아 그 사람을 욕하더니,
그 말이 씨가 되어 그 사람이 생전에 처참한 신세가 되어
그 죄 받는 현상을 여러 사람의 눈앞에 보여 주었다 하니,
과연 여러 사람의 입은 참으로 무서운 것이니라.]

『대종경』「인과품」25장

• **도사령 都使令** : 각 관아에서 심부름을 하던 사령의 우두머리.

여러 사람의 입은 참으로 무서운 것 | 풀이 |

대종사 말씀하시기를
[나쁜 일을 자행하여 여러 사람의 입에 나쁘게 자주 오르내리면
그 사람의 앞길은 암담하게 되나니,
어떤 사람이 군(郡) 도사령이 되어 가지고 혹독히 권리를 남용하여,
여러 사람의 생명과 재산을 많이 빼앗으므로
사람들이 동리에 모여 앉으면 입을 모아 그 사람을 욕하더니,
그 말이 씨가 되어 그 사람이 생전에 처참한 신세가 되어
그 죄 받는 현상을 여러 사람의 눈앞에 보여 주었다 하니,
과연 여러 사람의 입은 참으로 무서운 것이니라.]

소태산 대종사님께서 사례를 들어 인과의 이치를 알려주십니다.
이 법문의 주제는 '여러 사람의 입(평판)은 무서운 것'입니다만,
그 뒤에 숨겨진 인과의 이치를 더 깊이 봐야겠습니다.

먼저, '혹독히 권리는 남용하여 여러 사람의 생명과 재산을 많이 빼앗'은
높은 관리가 있었습니다.
그래서 '사람들이 동리에 모여 앉으면 입을 모아 그 사람을 욕하'게 되었던 것이죠.
결국은 그 관리는 '생전에 처참한 신세'가 되고 맙니다.
대종사님은 사람들의 '그 말이 씨가 되어' 그렇게 되었다고 설하십니다.

하지만 순서대로 보자면
그 도사령의 '혹독한 권리 남용'이 처참한 결말의 씨앗이 된 셈이고
더 거슬러 올라가면 그 관리의 '나쁜 마음'이 애초의 씨앗일 것입니다.

'여러 사람의 입은 참으로 무서운 것'이라는 말씀은
이미 「인과품」 23장에서도
[작은 재주로 작은 권리를 남용하는 자들이여!
대중을 어리석다고 속이고 해하지 말라.
대중의 마음을 모으면 하늘 마음이 되며,
대중의 눈을 모으면 하늘 눈이 되며,
대중의 귀를 모으면 하늘 귀가 되며,
대중의 입을 모으면 하늘 입이 되나니,
대중을 어찌 어리석다고 속이고 해하리요.]라고 설해진 바 있습니다.

어리석은 사람들은 자신이 원인 행위를 하고도 그 결과를 두려워하지 않습니다.
지금 당장 그 결과가 자신에게 닥치지 않기 때문입니다.
악행을 저지르고도 그 결과가 바로 오지 않으니 괜찮다고 여깁니다.
인과의 무지로 인한 착각입니다.
혹시라도 작은 지혜가 있다면
자신의 원인 행위가 서서히 결과로 돌아오는 것을 알아차리고
참회 반성하고 자신의 잘못된 행위를 바로잡아야 하는데
어리석은 사람들은 그마저도 하지 않습니다.
그래서 참혹한 결과를 맞이하게 됩니다.

'사람들이 동리에 모여 앉으면 입을 모아 그 사람을 욕하'는 것을 알았다면
그것을 가볍게 알지 않고 무겁게 받아들여야 합니다.
'사람들'에게는 자성 광명이 빛나고 있습니다.
제3자들이 한목소리를 낸다면 거기에 진리가 작동하고 있음을 알아야 합니다.
이미 인과의 이치가 '사람들의 입'을 통해 경고하는 것인데
욕심에 눈멀고 귀 먼 자들은 그걸 느끼지 못하는 것입니다.

요컨대, 마음공부 없이는 인과의 이치를 알 수 없고,

인과의 이치를 알지 못하면 악업과 고통을 피할 수 없습니다.
평소에 마음공부를 해야 '혹독히 권리를 남용'하는 것이 큰 죄가 됨을 알 수 있고, 그것이 원인이 되어 자신이 '생전에 처참한 신세'가 되는 과보를 예견할 수 있습니다.
법문에 등장하는 '도사령'의 마음공부 수준을 미루어 짐작할 수 있습니다.

나의 마음공부

• 실제로 '여러 사람의 생명과 재산을 빼앗은' 사람들의 말로를 생각해봅니다.

• '여러 사람의 입은 참으로 무서운 것'임을 느낀 적이 있나요?

• 내가 '여러 사람의 입에 나쁘게 자주 오르내리면' 어떻게 해야 할까요?

• 어리석은 대중의 잘못된 악평에는 어떤 과보가 따를까요?

대종사 말씀하시기를
[중생들이 철없이 많은 죄업을 짓는 가운데
특히 무서운 죄업 다섯 가지가 있나니,
그 하나는 바른 이치를 알지 못하고
대중의 앞에 나서서 여러 사람의 정신을 그릇 인도함이요,
둘은 여러 사람에게 인과를 믿지 아니하게 하여 선한 업 짓는 것을 방해함이요,
셋은 바르고 어진 이를 헐고 시기함이요,
넷은 삿된 무리와 당을 짓고 삿된 무리에게 힘을 도와줌이요,
다섯은 대도 정법의 신앙을 방해하며 정법 회상의 발전을 저해함이라,
이 다섯 가지 죄업 짓기를 쉬지 아니하는 사람은 삼악도를 벗어날 날이 없으리라.]

『대종경』「인과품」26장

- **죄업 罪業** : 몸·입·마음의 삼업三業으로 저지르는 죄악. 죄의 과보果報.
- **삼악도 三惡途** : 육도세계 중에서도 살아서 악행을 지은 죄과로 인하여 죽은 뒤에 간다는 지옥도地獄道와 축생도畜生道와 아귀도餓鬼道의 세계. 삼악취 三惡趣라고도 한다. 지옥은 광명이 없이 춥고 덥고 배고프고 괴로운 지하세계. 축생은 예의염치를 모르는 짐승세계. 아귀는 탐욕스러운 도깨비의 세계. 지옥도는 중생이 죄를 지어 죽은 뒤에 태어날 지옥세계이고, 축생도는 중생이 죄를 지어 죽은 뒤에 짐승의 몸이 되어 괴로움을 받는다는 길이며, 아귀도는 음식을 보면 불로 변하여 늘 굶주리고 매를 맞는다고 하는, 아귀들이 모여 사는 세계이다. 원불교에서는 삼악도를 사람의 마음 상태에 비추어 본다. 곧 사람의 마음속에 번뇌 망상이 뒤끓을 때가 지옥세계이고, 무명심無明心·파렴치·치심에 사로잡혀 있을 때가 축생세계, 그리고 삼독 오욕심에 빠져 있을 때가 아귀세계이다.

특히 무서운 죄업 다섯 가지 | 풀이 |

대종사 말씀하시기를
[중생들이 철없이 많은 죄업을 짓는 가운데
특히 무서운 죄업 다섯 가지가 있나니,

인과의 이치를 깨달은 이들은 일일이 죄업을 나열해주지 않아도
스스로 알아서 죄업을 짓지 않으려고 노력합니다.
하지만 '철없이 많은 죄업을 짓는' 중생들은
무엇이 죄인지, 무엇이 더 무거운 죄업인지를 잘 모릅니다.
그래서 소태산 대종사님께서 특히 무서운 죄업을 알려주십니다.
물론, 『정전』「삼십계문」에서 이미 삼가야 할 죄업들을 나열해주셨지만
여기서는 그것 외에도 특별히 유념해야 할 내용들을 짚어주십니다.

그 하나는 바른 이치를 알지 못하고
대중의 앞에 나서서 여러 사람의 정신을 그릇 인도함이요,

여기서 바른 이치란 『대종경』「서품」 1장에 의하면
'생멸 없는 도와 인과보응되는 이치'일 것이고
『정전』에 의하면 '일원상의 진리' 또는 그냥 '진리'일 것입니다.
쉽게 말하자면 '인과의 이치'라고 할 것입니다.
진리를 벗어난 가르침을 편다든가 인과의 이치를 곡해해서 대중들을 지도한다면
그 폐해가 매우 심각할 것은 불을 보듯 뻔합니다.
'정신을 그릇 인도'하면 사람의 일생을 망칠 수 있습니다.
여러 사람을 그릇 인도하면 그들 모두의 삶을 망치게 될 것입니다.

이 법문에 '지도인', '지도자'라는 표현은 생략되었지만
'대중의 앞에 나서서'라는 표현을 보면 지도인을 의미한다고 할 수 있습니다.
요컨대, 혼자서 불행해도 문제인데 '대중'들을 잘못 인도하는 책임의 크기는
심대할 수밖에 없습니다.
대중을 이끄는 지도인들은 특히 이 법문을 마음 깊이 새겨야겠습니다.

둘은 여러 사람에게 인과를 믿지 아니하게 하여 선한 업 짓는 것을 방해함이요,

첫 번째 말씀과 거의 같은 내용입니다.
'대중의 앞에 나서서' 대중들의 정신을 '그릇 인도'하지는 않는다고 하더라도
여러 사람에게 인과의 이치를 부정하거나 의심하게 하지 말라는 말씀입니다.
인과의 이치를 부정하거나 의심하게 되면
죄업 짓기를 주저하지 않을 것이고 선업 짓기를 게을리할 것입니다.
이렇게 되면 그들도 세상도 강급할 수밖에 없습니다.
자신 혼자서 선업 짓기를 게을리한다면 자신만 박복하게 살게 되지만
여러 사람의 선업 짓기를 방해하면 그 결과와 과보는 엄청나게 커집니다.

셋은 바르고 어진 이를 헐고 시기함이요,

인과의 이치를 제대로 모르기 때문에 이런 행위를 하겠지요.
바르고 어진 이를 헐고 시기한다면 자신도 죄업을 받게 됨은 물론이지만
'바르고 어진 이'들이 바르고 어진 영향력을 발휘하는 걸 방해하게 됩니다.
그 과보 또한 매우 클 수밖에 없습니다.

넷은 삿된 무리와 당을 짓고 삿된 무리에게 힘을 도와줌이요,

이 내용 역시 죄업이 개인에 그치지 않고 다중에게 미치고 있습니다.
역사적으로 보더라도 악한 집단이나 불의한 조직이 늘 존재했습니다.

그들의 해악은 광범위하고 영향도 지속적입니다.
대종사님은 개인이 아니라 조직적인 죄업을 '특히 무서운 죄업'으로 경계하십니다.

다섯은 대도 정법의 신앙을 방해하며 정법 회상의 발전을 저해함이라,

종교적으로도 마찬가지입니다.
진리에 바탕한 대도 정법의 신앙을 방해한다면 그 악영향은 상상하지 못할 정도로
심대할 수밖에 없습니다.
눈앞의 이익에 눈멀거나 그릇된 신념으로 정법 회상을 방해한다면
그들이 진리로부터 받게 될 징벌적 과보도 매우 심대할 것입니다.

이 다섯 가지 죄업 짓기를 쉬지 아니하는 사람은 삼악도를 벗어날 날이 없으리라.]

선업을 지으면 선업을 받게 되고 진급의 길을 가게 되지만
죄업을 지으면 악업을 받게 되고 강급의 길을 가게 됩니다.
길이길이 고통과 불행의 길을 벗어나기 힘듭니다.
자신들은 물론 대중과 세상에 고통을 주고 해악을 끼치는 개인이나 단체들의
말로末路가 좋을 수 없습니다.
인과의 이치는 호리도 틀림이 없습니다.
대종사님께서 크게 경계하신 이 다섯 가지 죄업을 유념하고 조심해야겠습니다.

나의 마음공부

- 나는 혹시 '바른 이치를 알지 못하고 대중의 앞에 나서서 여러 사람의 정신을 그릇 인도'하지는 않나요?

- 나는 혹시 '여러 사람에게 인과를 믿지 아니하게 하여 선한 업 짓는 것을 방해'하지는 않나요?

- 나는 혹시 '바르고 어진 이를 헐고 시기'하지는 않나요?

- 나는 혹시 '삿된 무리와 당을 짓고 삿된 무리에게 힘을 도와' 주지는 않나요?

- 나는 혹시 '대도 정법의 신앙을 방해하며 정법 회상의 발전을 저해'하지는 않나요?

대종사 말씀하시기를
[세상에 무서운 죄업 세 가지가 있으니,
그 하나는 겉 눈치로 저 사람이 죄악을 범하였다고 단정하여 남을 모함하는 죄요,
둘은 남의 친절한 사이를 시기하여 이간하는 죄요,
셋은 삿된 지혜를 이용하여 순진한 사람을 그릇 인도하는 죄라,
이 세 가지 죄를 많이 지은 사람은
눈을 보지 못하는 과보나,
말을 못하는 과보나,
정신을 잃어버리는 과보 등을 받게 되나니라.]

『대종경』「인과품」27장

- 모함謀陷 : 나쁜 꾀를 써서 남을 어려운 처지에 빠지게 함.
- 이간離間 : 둘 사이를 헐뜯어 서로 멀어지게 함. 중간에서 사이가 멀어지게 만들다.

세상에 무서운 죄업 세 가지 | 풀이 |

대종사 말씀하시기를
[세상에 무서운 죄업 세 가지가 있으니,
그 하나는 겉 눈치로 저 사람이 죄악을 범하였다고 단정하여 남을 모함하는 죄요,
둘은 남의 친절한 사이를 시기하여 이간하는 죄요,
셋은 삿된 지혜를 이용하여 순진한 사람을 그릇 인도하는 죄라,

나는 죄가 없는데 누가 나를 모함한다고 할 때 그 고통이 얼마나 크겠습니까?
나와 사이좋은 상대방을 누군가 이간질한다면 얼마나 괴롭겠습니까?
누군가 순진한 나를 속여서 나쁜 길로 빠지게 했다면 얼마나 기가 막히겠습니까?
'당한 사람의 마음'을 알아야 인과의 이치도 알 수 있습니다.

진리는 소소영영昭昭靈靈해서 반드시 인과의 이치에 따라 죄복을 보응합니다.
그 엄연한 과보를 무시하거나 가볍게 안다고 해서 과보를 모면할 수는 없습니다.
무시하고 가볍게 아는 것도 또한 '인因'이 될 뿐입니다.

이 세 가지 죄를 많이 지은 사람은
눈을 보지 못하는 과보나,
말을 못하는 과보나,
정신을 잃어버리는 과보 등을 받게 되나니라.]

겉눈치로 사람을 모함하는 것은 사람의 눈을 가려서 못 보게 하는 것과 같아서
그 죄업으로 '눈을 보지 못하는 과보'를 받게 된다고 하십니다.
'친절한 사이를 시기하여 이간'하는 구업口業을 지은 사람은
'말을 못하는 과보'를 받게 된다고 하십니다.

'삿된 지혜를 이용하여 순진한 사람을 그릇 인도하는' 사람은
'정신을 잃어버리는 과보'를 받게 된다고 경고하십니다.

'마음 한 번 가지고 몸 한 번 행동하고 말 한 번 한 것이라도
그 업인業因이 허공 법계에 심어져서,
제 각기 선악의 연緣을 따라 지은대로 과보가 나타나나니,
어찌 사람을 속이고 하늘을 속이리요.' – 「인과품」 3장 라는 말씀과 상통합니다.

마음에 새겨 무서운 죄업을 피해야겠습니다.

나의 마음공부

• 나는 혹시 '겉 눈치로 저 사람이 죄악을 범하였다고 단정하여 남을 모함'하지는 않았나요?

• 나는 혹시 '남의 친절한 사이를 시기하여 이간'하지는 않았나요?

• 나는 혹시 '삿된 지혜를 이용하여 순진한 사람을 그릇 인도'하지는 않았나요?

• 위와 같은 행위들이 가져올 결과를 일일이 나열해봅니다.

28

대종사 말씀하시기를
[옛날 어떤 선사는 제자도 많고 시주도 많아서 그 생활이 퍽 유족하였건마는,
과실나무 몇 주를 따로 심어 놓고 손수 그것을 가꾸어
그 수입으로 상좌 하나를 따로 먹여 살리는지라,
모든 제자들이 그 이유를 물었더니,

선사가 대답하기를
"그로 말하면 과거에도 지은 바가 없고
금생에도 남에게 유익 줄 만한 인물이 되지 못하거늘,
그에게 중인의 복을 비는 전곡을 먹이는 것은 그 빚을 훨씬 더하게 하는 일이라,
저는 한 세상 얻어먹은 것이 갚을 때에는 여러 세상 우마의 고를 겪게 될 것이므로,
나는 사제의 정의에 그의 빚을 적게 해주기 위하여
이와같이 여가에 따로 벌어 먹이노라" 하였다 하니,

선사의 그 처사는 대중 생활하는 사람에게 큰 법문이라,
그대들은 이 말을 범연히 듣지 말고
정신으로나 육신으로나 물질로나 남을 위하여 그만큼 일하는 바가 있다면
중인의 보시 받은 것을 먹어도 무방하려니와,
만일 제 일밖에 못 하는 사람으로서 중인의 보시를 받아먹는다면
그는 큰 빚을 지는 사람이라, 반드시 여러 세상의 노고를 각오하여야 하리라.

그러나, 대개 남을 위하는 사람은 오히려 보시받기를 싫어하고
제 일밖에 못 하는 사람이 도리어 보시받기를 좋아하나니,
그대들은 날로 살피고 때로 살피어
대중에게 큰 빚을 지는 사람이 되지 아니하도록 조심하고 또 조심할지어다.]

『대종경』「인과품」 28장

• **중인衆人** : 여러 사람. 뭇사람.

대중에게 큰 빚을 지는 사람 | 풀이 |

대종사 말씀하시기를
[옛날 어떤 선사는 제자도 많고 시주도 많아서 그 생활이 퍽 유족하였건마는,
과실나무 몇 주를 따로 심어 놓고 손수 그것을 가꾸어
그 수입으로 상좌 하나를 따로 먹여 살리는지라,

풍족한 살림살이에도 따로 과실나무를 심어서 그 수입으로 제자를 키우는
어떤 선사의 운심運心처사處事를 공부의 소재로 삼아 대종사님께서 법문을 하십니다.

모든 제자들이 그 이유를 물었더니,
선사가 대답하기를
"그로 말하면 과거에도 지은 바가 없고
금생에도 남에게 유익 줄 만한 인물이 되지 못하거늘,
그에게 중인의 복을 비는 전곡을 먹이는 것은 그 빚을 훨씬 더하게 하는 일이라,
저는 한 세상 얻어 먹은 것이 갚을 때에는 여러 세상 우마의 고를 겪게 될 것이므로,
나는 사제의 정의에 그의 빚을 적게 해주기 위하여
이와같이 여가에 따로 벌어 먹이노라" 하였다 하니,

제자들의 질문에 대한 선사의 대답을 간추려보자면,
첫째, 사찰에 시주한 헌공물은 공중을 위하라고 준 것이니 공중을 위해 써야 한다.
둘째, 그 제자는 공중에 유익을 줄 만한 능력이 없다.
셋째, 그런데도 그 제자에게 그 헌공물을 베풀어준다면 그에게 빚이 될 것이다.
여러 생에 걸쳐 축생보를 받을 수도 있다.
넷째, 제자의 과보를 면하게 하려면 공중을 위한 헌공물을 그에게 주지 않아야 한다.
다섯째, 그래서 따로 과실나무를 길러서 제자를 키우는 것이다.

선사의 그 처사는 대중 생활하는 사람에게 큰 법문이라,
그대들은 이 말을 범연히 듣지 말고
정신으로나 육신으로나 물질로나 남을 위하여 그만큼 일하는 바가 있다면
중인의 보시 받은 것을 먹어도 무방하려니와,
만일 제 일밖에 못 하는 사람으로서 중인의 보시를 받아먹는다면
그는 큰 빚을 지는 사람이라, 반드시 여러 세상의 노고를 각오하여야 하리라.

인과의 법칙이 개인 생활과 대중 생활에 다르게 적용되지는 않습니다.
지은 대로 받을 뿐입니다.
이 법문이 '대중 생활하는 사람에게 큰 법문'이라고 하셨지만
그 이면의 인과의 법칙은 원래 그대로입니다.
'중인의 보시를 받아먹는' 사람은 그만큼 중인에게 보은을 해야 마땅합니다.
그렇게 하지 못할 때는 중인에게 그만큼 빚을 지는 게 됩니다.

간혹, 국민의 세금을 낭비하는 사람들이나 공중의 재물을 헤프게 쓰는 사람들은
큰 빚을 지는 행위임을 유념해야 합니다.
법문과 같이 종교가도 신자들의 헌공금을 잘못 쓴다면
더 큰 빚을 지는 행위가 됨을 잊지 말아야 합니다.

그러나, 대개 남을 위하는 사람은 오히려 보시받기를 싫어하고
제 일밖에 못 하는 사람이 도리어 보시받기를 좋아하나니, 그대들은 날로 살피고 때로 살피어
대중에게 큰 빚을 지는 사람이 되지 아니하도록 조심하고 또 조심할지어다.]

인과의 이치를 아는 사람들은 보시하기 좋아하고 보시받기는 싫어합니다.
인과의 이치를 모르는 사람들은 보시받기 좋아하고 보시하기는 싫어합니다.
진급하는 사람들은 계속해서 진급하고
강급하는 사람들은 계속해서 강급하기 쉬운 이유입니다.
무턱대고 받는 것을 좋아해서 '빚을 지는 사람'이 되지 말아야겠습니다.

나의 마음공부

- 나는 누구에게 가장 많은 빚을 지고 있나요?

- 나는 누구로부터 가장 많은 은혜를 입고 있나요?

- 나는 인과의 이치로 볼 때 내 빚의 크기를 알고 있나요?

- 내가 빚을 갚아야 할 대상을 우선순위로 손꼽아봅니다.

- 빚지지 않는 삶을 살려면 어떻게 해야 할까요?

29

하루는 최 내선崔內善이 대중 공양大衆供養을 올리는지라
대종사 대중과 함께 공양을 마치신 후, 말씀하시기를
[사람이 같은 분량의 복을 짓고도 그 과를 받는 데에는
각각 차등이 없지 아니하나니,
그것이 물질의 분량에만 있는 것이 아니라 마음의 심천에도 있는 것이며,
또는 상대처의 능력 여하에도 있나니라.

영광에서 농부 한 사람이 어느 해
여름 장마에 관리 세 사람의 월천을 하여 준 일이 있어서
그로 인하여 그들과 서로 알고 지내게 되었는데,
그 농부는 한날한시에 똑같은 수고를 들여 세 사람을 건네주었건마는
후일에 세 사람이 그 농부의 공을 갚는 데에는
각각 자기의 권리와 능력의 정도에 따라 상당한 차등이 있었다 하나니,
이것이 비록 현실에 나타난 일부의 말에 불과하나,
그 이치는 과거 현재 미래를 통하여 복 짓고 복 받는 내역이 대개 그러하나니라.]

『대종경』「인과품」29장

- **월천越川** : 내를 건넘.
- **심천深淺** : 깊음과 얕음.

복 짓고 복 받는 내역 | 풀이 |

하루는 최 내선崔內善이 대중 공양大衆供養을 올리는지라
대종사 대중과 함께 공양을 마치신 후, 말씀하시기를
[사람이 같은 분량의 복을 짓고도 그 과를 받는 데에는
각각 차등이 없지 아니하나니,
그것이 물질의 분량에만 있는 것이 아니라 마음의 심천에도 있는 것이며,
또는 상대처의 능력 여하에도 있나니라.

인과의 이치는 지은 대로 받는 것입니다.
그런데 사람과 사람 사이에 주고받음에는 변수가 있습니다.
'마음'과 '능력'에 따라 그 보응과 과보가 달라질 수 있습니다.
같은 은혜를 입은 사람들도 감사의 '마음'이 깊고 얕음에 따라,
그 은혜를 갚을 '능력'의 크고 작음에 따라 보응에 '차등'이 생긴다는 말씀입니다.
단, 법문의 표현만 본다면 '마음의 심천'의 주체가 분명치 않아 보입니다.
보는 데 따라 복을 짓는 사람의 마음일 수도 있고, 상대처의 마음일 수도 있습니다.
교리적으로나 논리적으로는 양자 모두의 마음으로 보아도 무방합니다만,
법문의 맥락상으로는 '상대처'의 '마음의 심천'으로 보는 것이 타당해 보입니다.

물리적 영역에서의 인과의 법칙은 법칙 그대로 곧이곧대로 구현되지만,
사람과 사람 사이의 인과에선 주고받음에 차등이 있을 수 있습니다.
1+1=2가 아니라 1+1=3이 되거나 1+1=0로 될 수도 있다는 말씀입니다.
이런 '차등'의 결과를 가져오는 변수가 고려되어야 하는데
'마음'과 '능력' 등이 그 변수라고 설명해주십니다.

하지만 이 '차등' 역시 인과의 이치를 벗어난 것이 아니라

엄밀한 인과의 이치에 의해서 빚어지는 결과의 하나일 뿐입니다.
밝은 지혜로 인과의 이치를 깊이 봐야 '차등'도 진리의 실상임을 알 수 있습니다.
대종사님은 원론적인 법문에 이어서 알기 쉬운 사례를 들어 부연해주십니다.

영광에서 농부 한 사람이 어느 해
여름 장마에 관리 세 사람의 월천을 하여 준 일이 있어서
그로 인하여 그들과 서로 알고 지내게 되었는데,
그 농부는 한날한시에 똑같은 수고를 들여 세 사람을 건네주었건마는
후일에 세 사람이 그 농부의 공을 갚는 데에는
각각 자기의 권리와 능력의 정도에 따라 상당한 차등이 있었다 하나니,

예컨대, 농부가 세 사람의 관리가 내를 건너도록 도움을 주는 은혜를 베풀었지만,
그 관리들의 권리와 능력에 따라
한 관리는 밥 한끼로 은혜를 갚았을 수도 있고,
다른 관리는 더 큰 물질적 보상을 했을 수도 있고,
가장 높은 관리는 개인적 보상은 물론 냇물에 다리를 놓아주었을 수도 있습니다.
'권리와 능력의 정도에 따라' 그 보은의 정도에 차등이 발생할 수 있습니다.
물론, 세 관리들이 보은하고자 하는 '마음의 심천'에 따라 차등이 생길 수도 있고,
이 '마음의 심천'이 차등의 가장 근본적인 원인이 될 수 있습니다.

이것이 비록 현실에 나타난 일부의 말에 불과하나,
그 이치는 과거 현재 미래를 통하여 복 짓고 복 받는 내역이 대개 그러하나니라.]

'복 짓고 복 받는 내역'을 생각할 때 참고할 법문입니다.
같은 '인'이라도 상대방의 '마음'과 '능력'에 따라 '과'가 달라질 수 있습니다.
여기서 상대방의 '마음'과 '능력'을 '인연과因緣果'의 '연緣'이라고 할 수 있습니다.
물질적이고 기계적인 인과관계가 아니라 사람 사이의 인과관계는
사람에 따라 다를 수 있습니다.

이는 '처처불상處處佛像', '사사불공事事佛供'의 교리 표어와 상통하는 내용입니다.
인과의 이치는 누구에게나 공평하게 적용되지만
실제 인과는 사람마다 다 다르게 나타나기 때문입니다.
사람마다 마음 씀씀이가 다르고 사람마다 특성이 다르기 때문입니다.
같은 씨를 뿌려도 밭에 따라, 농사 방법의 차이에 따라 결과가 다른 것과 같습니다.
사람이 다 다르니 그들의 보응도 다 다를 수밖에 없습니다.
이 또한 엄연한 '인과의 이치'입니다.

인과의 이치를 대강만 파악해서는 실제 생활에서 제대로 활용하기 어렵습니다.
아주 세밀하게 '인因-연緣-과果' 모두를 파악할 수 있어야 합니다.
예컨대, 초보 농부가 같은 씨앗을 뿌려서 농사를 짓는다 해도
평생 농사를 지은 농부와 같은 결과를 보기는 매우 어렵습니다.
같은 밭에 씨앗을 뿌렸다고 하더라도 언제 어떻게 김매고 물주고 농약을 치는지
성공적인 결실을 수확하기까지 전 과정에 걸친 세세한 내용을 알아야 하니까요.

'씨를 뿌린 대로 거둔다.'라고 하지만 이건 그저 원리적인 말일 뿐입니다.
'인과의 이치'도 마찬가지입니다.
천만 경계에 응해서 마음공부를 하면서 경험하고 검증해내야
'인과의 이치'를 제대로 생활에 활용할 수 있습니다.
예컨대, 매년 같은 농사를 짓는다고 하지만 자세히 보면 매년 작황이 다릅니다.
농사 조건들이 다르기 때문입니다.
그런 변화는 직접 농사를 짓는 사람만이 알 수 있습니다.
인과의 이치도 마찬가지입니다.
같은 '인'이라고 하더라도 그 인이 발아發芽하는 '연'은 늘 변화하고 있습니다.
그러니 '과'도 달라질 수밖에 없는 것입니다.
보이지 않는 인과의 이치가 실제로 어떻게 작동하고 현실로 구현되는지
세세한 전 과정을 볼 수 있는 능력이 필요합니다.
그래야 비로소 결과를 예측할 수 있고 원하는 결과를 얻을 수 있습니다.

이렇게 '인과의 이치'는 하나이지만
이 이치는 천만 경계 속에서 천만 가지 다른 결과를 불러옵니다.
그래서 공부인은 끊임없이 지도인에게 문답·감정·해오의 훈련을 해야 합니다.
비유하자면, 농대를 우수한 성적으로 졸업했다고 해서 농사에 성공하는 것이 아니고,
의대를 우수한 성적으로 졸업했다고 해서 명의가 되는 것도 아닌 것과 같습니다.
학교에서는 그저 원리를 알고 약간의 실습을 했을 뿐입니다.
실제로 여러 조건에서 농사를 지으면서 경험을 쌓아야 하고
의사도 수많은 환자들을 치료하는 임상 경험을 쌓아야 하는 것과 같습니다.

교리적으로 보자면, 농대와 의대를 수료하는 것이 '정기훈련'이라면
실제로 농사를 짓고 환자를 치료하면서 노련한 지도인의 지도를 받는 과정은
'상시훈련'이라고 볼 수 있습니다.
원리를 아는 것이 '견성'이라면 실제로 성공하는 것은 '성불'이라고 할 수 있습니다.
인과의 이치도 마찬가지입니다.
원리적으로 아는 것도 중요하지만 생활 속 천만 경계에서 활용할 수 있어야 하고
원하는 결과를 얻을 수 있어야 합니다.

신앙과 수행에 상당한 실력을 갖춰야 인과의 이치에 통달하고
현실 속에서 이를 활용해서 모든 일에 성공할 수 있습니다.
이런 사실 또한 인과의 이치를 벗어나지 않습니다.

나의 마음공부

- 나는 사람들에게 같은 보시를 하고도 각기 다른 보답을 받은 경우가 있나요?

- 나는 똑같은 은혜(因)에 대해서 다르게 보은(果)할 때가 있었나요?
  그런 경우 그 이유는 무엇인가요?

- 나는 혹시 보답받을 것을 사량 분별해서 보시하거나 은혜를 베풀지는 않나요?

- 내가 받은 은혜를 되갚을 나의 능력은 충분한가요?

대종사 영산靈山에 계실 때 근동에 방탕하던 한 청년이 스스로 발심하여 과거의 잘못을 참회하고 대종사의 제자가 되어 사람다운 일을 하여 보기로 맹세하더니, 그 후 대종사께서 각처를 순회하시고 여러 달 후에 영산에 돌아오시니, 그가 그동안 다시 방탕하여 주색잡기로 가산을 탕패하고 전일에 맹세 드린 것을 부끄러이 생각하여 대종사를 피하여 다니다가, 하루는 노상에서 피하지 못하고 만나게 된지라, 대종사 말씀하시기를 [무슨 연고로 한 번도 나에게 오지 않았는가.] 청년이 사뢰기를 [그저 죄송할 뿐이옵니다.] 대종사 말씀하시기를 [무엇이 죄송하다는 말인가.] 청년이 사뢰기를 [제가 전 일에 맹세한 것이 이제 와서는 다 성인을 속임에 불과하게 되었사오니 어찌 죄송하지 아니하오리까. 널리 용서하여 주시옵소서.]

대종사 말씀하시기를
[그 동안에 그대가 방심하여
그대의 가산을 탕진하고 그대가 모든 일에 곤란을 당하나니,
그러므로 나에게 용서를 구할 것이 따로 없나니라.
내가 그대를 대신하여 그대의 지은 죄를 받게 된다면
나에게 죄송하다고도 할 것이요, 나를 피하려고도 할 것이나,
화복간에 그대가 지은 일은 반드시 그대가 받는 것이라,
지금 그대는 나를 속였다고 생각하나 실상은 그대를 속인 것이니,
이 뒤 부터는 공연히 나를 피하려하지 말고
다시 그대의 마음을 단속하는 데에 힘쓸지어다.]

『대종경』「인과품」30장

- 화복 禍福 : 재화災禍와 복록福祿.
- 주색잡기 酒色雜技 : 술과 여자와 노름.
- 탕패 蕩敗 : 재물 따위를 다 써서 없앰. 탕진蕩盡.

그대가 지은 일은 반드시 그대가 받는 것이라 ┃풀이┃

대종사 영산靈山에 계실 때 근동에 방탕하던 한 청년이
스스로 발심하여 과거의 잘못을 참회하고 대종사의 제자가 되어
사람다운 일을 하여 보기로 맹세하더니,
그 후 대종사께서 각처를 순회하시고 여러 달 후에 영산에 돌아오시니,
그가 그동안 다시 방탕하여 주색잡기로 가산을 탕패하고
전일에 맹세 드린 것을 부끄러이 생각하여 대종사를 피하여 다니다가,
하루는 노상에서 피하지 못하고 만나게 된지라,

개과천선改過遷善하여 대종사님의 제자가 되기로 했던 청년이
스스로 약속을 못 지킨 수치심에 대종사님을 피해 다니다가 마주친 상황입니다.

일단 '대종사의 제자가 되어 사람다운 일을 하여 보기로 맹세'한 마음이
매우 귀중한 마음의 씨앗, '인因'이 되었습니다.
하지만 그 씨앗을 키우고 꽃피워서 결실을 맺지는 못하고 말았습니다.
오히려 자신의 맹세에 반한 자신의 삶에 부끄러움을 느껴서
대종사님을 피해다니는 의도치 못한 '과果'를 낳았습니다.

대종사 말씀하시기를 [무슨 연고로 한 번도 나에게 오지 않았는가.]
청년이 사뢰기를 [그저 죄송할 뿐이옵니다.]
대종사 말씀하시기를 [무엇이 죄송하다는 말인가.]
청년이 사뢰기를 [제가 전 일에 맹세한 것이 이제 와서는 다 성인을 속임에 불과하게 되었사오니
어찌 죄송하지 아니하오리까. 널리 용서하여 주시옵소서.]

처음의 '맹세'가 첫 번째 마음이었다면,

그 맹세를 지키지 못해서 '부끄러이 생각'하는 마음은 두 번째 마음입니다.
맹세를 지키지 못한 부족한 마음도 마음이고,
부끄러운 마음에 대종사님을 피해 다닌 마음도 마음입니다.
이 '마음'들이 서로 엮여서 인과의 흐름을 만들고 있습니다.
가만히 생각해보면 이런 마음들이 일어날 때마다 새로운 변화가 가능했고
그 마음 씀씀이에 따라 아주 다른 결과를 가져올 수 있었습니다.

긍정적으로 생각한다면
맹세를 지키지 못한 것을 '부끄러이 생각'하는 것이 큰 희망의 씨앗,
'인因'이 되어 새로운 '과果'를 낳을 수 있습니다.
대종사님께서는 자작자수自作自受의 인과의 이치에 따라
자신에게 '죄송하다'고 '용서를 구할 것이 따로 없'다고 하시지만,
이렇게 부끄러워하고, 죄송하다고 용서를 구하는 마음은 매우 소중한 마음이고
이 마음이 새로운 미래를 개척하는 새로운 '인'이 될 수 있습니다.

대종사 말씀하시기를
[그 동안에 그대가 방심하여
그대의 가산을 탕진하고 그대가 모든 일에 곤란을 당하나니,
그러므로 나에게 용서를 구할 것이 따로 없나니라.

이 말씀은 냉정하게 들릴 수도 있는 매우 합리적인 말씀입니다.
청년의 '방심'이 '인因'이 되어 '모든 일에 곤란을 당'하는 '과果'를 청년이 받으니,
'인과의 이치'일 뿐이라는 매우 논리적인 지적입니다.
동시에 대종사님에게 용서를 구할 필요가 없다는 것을 강조하시면서
청년의 무거운 마음을 덜어주시려는 자비의 말씀이기도 합니다.

내가 그대를 대신하여 그대의 지은 죄를 받게 된다면
나에게 죄송하다고도 할 것이요, 나를 피하려고도 할 것이나,

화복간에 그대가 지은 일은 반드시 그대가 받는 것이라,
지금 그대는 나를 속였다고 생각하나 실상은 그대를 속인 것이니,
이 뒤 부터는 공연히 나를 피하려하지 말고
다시 그대의 마음을 단속하는 데에 힘쓸지어다.]

대종사님은 냉엄한 인과의 이치에 대한 깨우침을 촉구하십니다.
또한 청년이 속인 것은 당신이 아니라 청년 자신임을 성찰하도록 하십니다.
자신이 지은 것은 자신이 받는 것이라고.
청년의 업은 대종사님과 무관하다고 단언하십니다.
그러니 앞으로는 '마음 단속'을 잘하라고 하십니다.

법문을 읽으면 사실 그대로를 짚어내는 대종사님의 냉정함이 느껴지기도 하지만
대종사님의 마음은 아마도 청년에 대한 안타까움과 연민으로 가득했을 것입니다.
'방심'했던 옛 생활을 청산하고 '마음을 단속'한다면
진급하는 삶을 살 수 있다는 것을 누구보다 훤히 꿰뚫어 보시기 때문입니다.

우주 만물을 관통하는 절대적 진리인 '인과의 이치'를
깨닫지 못하거나 활용하지 못하는 사람들에게 대한 안타까움과 연민이
『대종경』 전반에 걸쳐, 특히 「인과품」에 가득합니다.

나의 마음공부

• 나도 이 청년과 같이 자신과의 약속을 지키지 못한 경우가 있나요?

• 나는 그동안 더 나은 자신을 위한 어떤 약속들을 해왔나요?

• 그 약속들과 현재의 나는 어떤 상관관계, 인과관계를 가지나요?

• 앞으로 '마음 단속'을 어떻게 해야 할까요?

31

대종사 영산에 계실 때에 하루는 채포菜圃에 나가시니,
채포 가에 있는 분항에 거름물이 가득하여 뭇 벌레가 화생하였는데,
마침 쥐 한 마리가 그것을 주워 먹고 가는지라,
밭을 매던 제자들이 [저 쥐가 때로 와서 저렇게 주워 먹고 가나이다.] 하거늘,
대종사 말씀하시기를
[지금은 저 쥐가 벌레들을 마음대로 주워 먹으나
며칠 안에 저 쥐가 벌레들에게 먹히는 바 되리라.]

제자들이 말씀 뜻을 충분히 이해하지 못하여
"삼세 인과가 어찌 그리 빠르리요" 하였더니,
며칠 후에 과연 그 쥐가 분항에 빠져 썩기 시작하매
뭇 벌레가 그 쥐를 빨아먹고 있는지라,

대종사 말씀하시기를
[내가 전일에 한 말을 그대들은 이상히 생각하는 듯하였으나
나는 다만 그 기틀을 보고 말한 것뿐이니라.
당시에는 분항 속에 거름이 가득하므로
쥐가 그 위를 횡행하며 벌레를 주워 먹었으나,
채소밭을 매고서는 응당 그 거름을 퍼서 쓸 것이요,
그러면 그 항속은 깊어져서 주의 없이 드나들던 저 쥐가
반드시 항 속에 빠져 죽을 것이며 그러하면 뭇 벌레의 밥이 될 수밖에 없는 것을
미리 추측한 것이니라.] 하시고,

이어서 말씀하시기를

[사람의 죄복간 인과도 그 일의 성질에 따라
후생에 받을 것은 후생에 받고 현생에 받을 것은 현생에 받게 되는 것이
이와 다를 것이 없나니라.]

『대종경』「인과품」31장

- **채포 菜圃** : 전문적으로 채소를 심어 가꾸는 규모가 큰 밭.
- **거름** : 식물이 잘 자라도록 땅을 기름지게 하기 위하여 주는 물질. 똥, 오줌, 썩은 동식물, 광물질 따위.
- **분항 盆缸** : 동이, 항아리, 질그릇. (똥을 담는 항아리 糞缸일 수도 있음―필자)
- **화생 化生** : 태·란·습·화 사생四生 중의 하나. 자체가 없으며 의탁한 데가 없이 홀연히 생겨나는 것.
- **삼세 三世** : 과거·현재·미래. 과거·현재·미래를 통칭하여 부르는 말. 삼제三際라고도 한다. 불교에 있어서 시간을 구분하는 개념.
- **기틀** : 어떤 일의 가장 중요한 계기나 조건.

삼세 인과가 어찌 그리 빠르리요 | 풀이 |

대종사 영산에 계실 때에 하루는 채포菜圃에 나가시니,
채포 가에 있는 분항에 거름물이 가득하여 뭇 벌레가 화생하였는데,
마침 쥐 한 마리가 그것을 주워 먹고 가는지라,
밭을 매던 제자들이 [저 쥐가 때로 와서 저렇게 주워 먹고 가나이다.] 하거늘,
대종사 말씀하시기를

거름으로 쓰려고 사람의 대소변을 모아 둔 큰 항아리에 벌레들이 생기자
쥐가 그것들을 먹으려고 들락날락했던 모양입니다.

[지금은 저 쥐가 벌레들을 마음대로 주워 먹으나
며칠 안에 저 쥐가 벌레들에게 먹히는 바 되리라.]

소태산 대종사님께서 쥐와 벌레들의 운명이 뒤바뀔 것이라고 말씀하십니다.

제자들이 말씀 뜻을 충분히 이해하지 못하여
"삼세 인과가 어찌 그리 빠르리요" 하였더니,

제자들은 대종사님의 말씀이 의아하게 들릴 수밖에 없는데
평소에 인과 법문을 많이 배웠던 제자들은
이 말씀을 삼세 인과에 대한 법문으로 받아들이면서도 의문을 가집니다.

며칠 후에 과연 그 쥐가 분항에 빠져 썩기 시작하매
뭇 벌레가 그 쥐를 빨아먹고 있는지라,

그런데 정말 대종사님 말씀대로
쥐가 벌레를 먹다가, 이제는 벌레가 쥐를 먹게 되었습니다.

대종사 말씀하시기를
[내가 전일에 한 말을 그대들은 이상히 생각하는 듯하였으나
나는 다만 그 기틀을 보고 말한 것뿐이니라.
당시에는 분항 속에 거름이 가득하므로
쥐가 그 위를 횡행하며 벌레를 주워 먹었으나,
채소밭을 매고서는 응당 그 거름을 퍼서 쓸 것이요,
그러면 그 항속은 깊어져서 주의 없이 드나들던 저 쥐가
반드시 항 속에 빠져 죽을 것이며 그러하면 뭇 벌레의 밥이 될 수밖에 없는 것을
미리 추측한 것이니라.] 하시고,

대종사님은 자신의 말에 대해 의심을 품었던 제자들에게
단지 합리적 추론을 했을 뿐이라고 말씀하십니다.

덧붙이자면,
대종사님께서는 '주의 없이 드나들던' 쥐의 행동을 유심히 보셨던 것 같습니다.
쥐가 부주의하지 않았다면 대종사님의 말씀은 아마도 달라졌을 것 같습니다.
'부주의'가 쥐의 운명을 좌우하는 '인因'이 된 셈입니다.

이어서 말씀하시기를
[사람의 죄복간 인과도 그 일의 성질에 따라
후생에 받을 것은 후생에 받고 현생에 받을 것은 현생에 받게 되는 것이
이와 다를 것이 없나니라.]

인과의 이치가 삼세에 걸쳐 늦게 또는 빠르게 작동할 수 있다고 말씀하십니다.
모든 과보를 다음 생에나 받는다는 식으로 해석하거나

현재 받는 과보를 전생의 탓으로만 돌리는 것은 맞지 않는 것이죠.
'그 일의 성질에 따라서'
일찍 받을 과보는 일찍 받고, 늦게 받을 과보는 또 그렇게 받을 뿐입니다.
인과의 이치를 투철하게 깨달아야 이런 것들을 알 수 있을 것입니다.

나의 마음공부

• 나도 이 쥐처럼 '주의 없이' 행동하고 있는 것은 아닌가요?

• 나도 대종사님처럼 누군가 또는 무언가의 삼세 인과를 정확히 예측한 적이 있나요?

• 나는 나의 삼세 인과를 얼마나 잘 알고 있나요?

• 나는 여러 가지 '일의 성질'에 따른 인과보응의 차이를 잘 알고 있나요?

김 삼매화金三昧華가 식당에서 육물을 썰고 있는지라
대종사 보시고 물으시기를
[그대는 도산지옥刀山地獄을 구경하였는가.]
삼매화 사뢰기를
[구경하지 못하였나이다.]
대종사 말씀하시기를
[도마 위에 고기가 도산지옥에 있나니
죽을 때에도 도끼로 찍히고 칼로 찢겨서 천 포 만 포가 되었으며
여러 사람이 사다가 또한 집집에서 그렇게 천 칼 만 칼로 쓰니
어찌 두렵지 아니하리요.]

『대종경』「인과품」32장

- **육물 肉物** : 고기.
- **도산지옥 刀山地獄** : 칼로 갈기갈기 찢기는 고통을 당하는 지옥. 칼을 심어 놓은 산이 있다는 지옥.
- **지옥 地獄** : 아주 괴롭거나 더없이 참담한 환경이나 형편을 비유적으로 이르는 말. (불교)현실에서 악한 일을 한 사람이 죽어서 간다고 하는 세계. (그리스도교)큰 죄를 지은 사람이 그 죄를 용서받지 못하고 악마와 함께 영원히 벌을 받는다고 하는 곳. 천당天堂·천국天國·극락極樂에 반대되는 개념. 싼스끄리뜨 나라까(naraka)에서 유래한 말로 내락捺落迦·나락奈落으로 음사音寫되기도 한다.

도산 지옥 刀山地獄　　|풀이|

김 삼매화金三昧華가 식당에서 육물을 썰고 있는지라
대종사 보시고 물으시기를
[그대는 도산지옥刀山地獄을 구경하였는가.]
삼매화 사뢰기를
[구경하지 못하였나이다.]
대종사 말씀하시기를
[도마 위에 고기가 도산지옥에 있나니
죽을 때에도 도끼로 찍히고 칼로 찢겨서 천 포 만 포가 되었으며
여러 사람이 사다가 또한 집집에서 그렇게 천 칼 만 칼로 써니
어찌 두렵지 아니하리요.]

불교에서 말하는 여러 가지 지옥 가운데
수많은 칼날로 뒤덮인 지옥을 소위 도산지옥이라고 하는데,
소태산 대종사님은 도마 위의 고기가 칼로 잘게 썰리는 것을 보시고
도산지옥으로 비유하셨습니다.

인과의 이치에 따른 지옥의 세계를 매우 현실적으로 해석하셨습니다.
대종사님은 삼세의 인과를 매우 먼 훗날의 이야기나 미신적으로 해석하지 않으시고
일상생활 속에서 볼 수 있는 현재의 삶으로 쉽게 풀이하십니다.
인과의 이치를 현재의 실생활에서 유념하고 살게 하려는 의도인 것 같습니다.

현실에서 일어나는 끔찍하고 고통스러운 사고나 재난, 범죄를 보면
'지옥'이 멀리 있지 않고 우리 삶의 현장에 있음을 느끼게 됩니다.
예컨대, 잔인한 전쟁이나 내란, 참혹한 범죄로 인한 피해자의 고통을 생각해보면

현대 문명사회에 엄존하는 지옥의 존재를 부인하기 어렵습니다.
더구나 환경파괴로 인한 생물들의 깊은 고통을 생각해보면
인간들이 곧 받게 될 과보를 우려하지 않을 수 없습니다.
'파란고해의 일체 중생들이' 겪고 있는 지옥 같은 고통을 직시하고
그 고통을 지어내고 있는 우리들의 죄업을 깊이 반성하는 데까지 나아가야
'지옥'이라는 비유로부터 소중한 깨달음을 얻을 수 있을 것입니다.

더 나아가 '도산지옥'을 우리 삶 곳곳에서 찾고 마음의 세계에서도 찾아보아야
이 법문의 의미를 제대로 드러내어 활용할 수 있을 것입니다.

나의 마음공부

• 내가 생각하는 '도산지옥'에 대해 이야기해봅니다.

• 내가 경험한 '지옥'을 이야기해봅니다.

• '지옥'에서 벗어나려면 어떻게 살아야 할까요?

• 세상의 여러 가지 '지옥'을 없애는 방법은 무엇일까요?

대종사 말씀하시기를
[과거에는 마음이 거짓되고 악한 사람도 당대에는 혹 잘 산 사람이 많이 있었으나,
앞으로는 마음이 거짓되고 악한 사람은 당대를 잘 살아 나가기가 어려울 것이니,
사람들이 자기 일생을 통하여 지은 바 죄복을 자기 당대 안에 거의 다 받을 것이요,
후생으로 미루고 갈 것이 얼마 되지 아니하리라.

그러므로, 세상이 밝아질수록
마음 하나가 참되고 선한 사람은
일체가 다 참되고 선하여 그 앞길이 광명하게 열릴 것이나,
마음 하나가 거짓되고 악한 사람은
일체가 다 거짓되고 악하여 그 앞길이 어둡고 막히리라.]

『대종경』「인과품」33장

세상이 밝아질수록　| 풀이 |

대종사 말씀하시기를
[과거에는 마음이 거짓되고 악한 사람도 당대에는 혹 잘 산 사람이 많이 있었으나,
앞으로는 마음이 거짓되고 악한 사람은 당대를 잘 살아 나가기가 어려울 것이니,
사람들이 자기 일생을 통하여 지은 바 죄복을 자기 당대 안에 거의 다 받을 것이요,
후생으로 미루고 갈 것이 얼마 되지 아니하리라.

자칫하면 현생에 지은 바를 내생에 받는다고 기계적으로 생각할 수 있지만
인과의 이치는 그런 것이 아닙니다.
업을 짓는 것과 받는 것 사이의 시간은 이를 수도 있고 늦을 수도 있습니다.
진리적 관점에서는 보면 마치 열매가 익는 데 시간이 소요되는 것과 같이
'연緣'에 따라 달라질 뿐입니다.
예컨대, 추운 지역에서는 벼농사를 일 년에 한 번밖에 짓지 못하지만
열대 지역에서는 두 번이나 지을 수 있는 것과 같다고 할 수 있습니다.
씨를 뿌리면(인因) 열매를 맺는(과果) 인과의 이치는 전혀 달라지지 않았지만
지역 차이, 온도와 기후 등의 조건 즉, 연(緣)에 따라
결과의 늦고 빠름에 차이가 발생하게 되는 것과 같습니다.

인간의 삼세 인과도 마찬가지입니다.
'동물들은 하늘에 뿌리를 박고 살므로
마음 한 번 가지고 몸 한 번 행동하고 말 한 번 한 것이라도
그 업인業因이 허공 법계에 심어져서,
제 각기 선악의 연緣을 따라 지은 대로 과보가 나타나나니,
어찌 사람을 속이고 하늘을 속이리요.'라고 말씀하신 바와 같이
인과의 이치는 불변입니다만,

과보는 '연緣'을 따라 나타나기 때문입니다.

대종사님께서 '앞으로의' 시대라는 '연緣'을 참고해보니
'사람들이 자기 일생을 통하여 지은 바 죄복을
자기 당대 안에 거의 다 받을 것이요,
후생으로 미루고 갈 것이 얼마 되지 아니하리라.'라고 보신 것입니다.
시대의 변화라는 큰 기틀을 보신 것입니다.

그러므로, 세상이 밝아질수록
마음 하나가 참되고 선한 사람은
일체가 다 참되고 선하여 그 앞길이 광명하게 열릴 것이나,
마음 하나가 거짓되고 악한 사람은
일체가 다 거짓되고 악하여 그 앞길이 어둡고 막히리라.]

과거와 달리 '앞으로는' '세상이 밝아'진다고 보셨기 때문에
그렇게 예견하신 것입니다.
그래서 '마음'이라는 '인因'이 참되고 선한 사람은 그 행동도 선할 것이기에
그 사람의 '앞길이 광명하게 열리'는 '과果'를 얻을 것이라고 확언하십니다.
물론 그 반대의 경우도 마찬가지입니다.

예컨대, 요즘은 범죄도 쉽게 알아내고 숨은 죄인들도 쉽게 찾아냅니다.
남모르는 선행도 세상 사람들이 금방 그 사실을 알게 되곤 하는 것과 같습니다.
무언가를 숨기기 어려운 세상이 되고 있습니다.
원인에 따른 결과가 매우 신속하고 정확하게 보응하는 세상이 되어가고 있습니다.

소태산 대종사님께서는 매우 암울한 시대에도 밝은 미래를 전망하셨습니다.
정신문명이 크게 발달한 정신개벽의 시대가 온다고 보셨고,
'참 문명 시대', '크게 문명한 도덕 세계', '대명천지大明天地',

'슬겁고 밝은 세상', '상상하지 못할 이상의 불국토',
'광대무량한 낙원'을 꿈꾸셨습니다.
어떻게 그럴 수 있었을까요?
이런 긍정적 전망은 모두 인과의 이치를 깨달은 안목에서 비롯되었을 것입니다.
과거와 달리 앞으로 세상이 점점 더 밝아진다고 보셨기 때문에
인과의 이치도 신속하고 정확하게 작동하는 세상이 된다고 보신 것입니다.
그래서 그런 세상에서는 '마음 하나가 참되고 선한 사람은 일체가 다 참되고 선하여
그 앞길이 광명하게 열릴 것'이라고 예견하신 것입니다.

내 마음만 참되고 선하게 하고 그렇게 살아가기만 하면
이 우주에 가득찬 '인과의 이치'가 알아서 보응하여 그에 맞는 결과를 준다면
이같이 든든한 삶이 어디에 또 있겠습니까?
원불교가 '인과보응의 신앙문(信仰門)'을 연 이유가 여기에 있습니다.
믿거나 말거나 존재하고 소리도 없이 작동하고 있는 진리의 모습이 바로
인과보응의 이치입니다.

나의 마음공부

• 왜 '과거에는 마음이 거짓되고 악한 사람도 당대에는 혹 잘 산 사람이 많이' 있었을까요?

• 왜 '앞으로는 마음이 거짓되고 악한 사람은 당대를 잘 살아 나가기가 어려울'까요?

• 앞으로의 세상은 어떻게 밝아지고 있는 것일까요?

• 이런 세상에서 나는 어떻게 인과의 이치를 활용해서 살아야 할까요?

『대종경』 15품의 주요 내용

제 1 서 품 : 원불교 창립 목적과 배경, 주요 과정 및 불교 혁신의 내용 등 소태산 사상의 서설적 법문.
제 2 교의품 : 원불교의 신앙·수행 교리 전반에 관한 법문.
제 3 수행품 : 원불교 수행법 이해와 실행에 관한 다양한 법문.
제 4 인도품 : 도덕의 이해와 실천에 관한 원론적 법문과 다양한 응용 법문.
제 5 인과품 : 인과보응의 이치에 대한 다양한 해석 사례와 응용 법문.
제 6 변의품 : 교리에 관련된 다양한 의문들에 관한 응답 법문.
제 7 성리품 : 성품의 원리와 깨달음, 견성 성불 및 성리문답에 관한 법문.
제 8 불지품 : 부처님의 경지와 심법, 자비방편에 관한 법문.
제 9 천도품 : 생사의 원리와 윤회·해탈, 영혼 천도에 관한 법문.
제 10 신성품 : 신앙인의 믿음과 태도에 관한 법문.
제 11 요훈품 : 인생길과 공부길을 안내하는 짧은 격언 형태의 법문.
제 12 실시품 : 다양한 경계에 응한 대종사의 용심법에 관한 법문.
제 13 교단품 : 원불교 교단의 의의와 운영, 발전 방안 및 미래 구상에 관한 법문.
제 14 전망품 : 사회·국가·세계, 종교, 문명, 교단의 미래에 관한 예언적 법문.
제 15 부촉품 : 대종사가 열반을 앞두고 제자들에게 남긴 부탁과 맡김의 법문.

소태산 대종경 마음공부

발행일 | 원기108년(2023년) 8월 21일
편저자 | 최정풍

디자인 | 토음디자인
인쇄 | ㈜문덕인쇄

펴낸곳 | 도서출판 마음공부
출판등록 | 2014년 4월 4일 제2022-000003호
주소 | 전북 익산시 익산대로 463, 3층
전화 | 070-7011-2392
ISBN | 979-11-982813-5-7
값 | 12,000원

도서출판 마음공부는 소태산마음학교를 후원합니다.
후원계좌 : 농협 301-0172-5652-11 (예금주: 소태산마음학교)